Creado
para
soñar

RICK WARREN

Creado para soñar

soñar

Las 6 fases que Dios usa para hacer crecer tu fe

Vida

La misión de Editorial Vida es ser la compañía líder en satisfacer las necesidades de las personas con recursos cuyo contenido glorifique al Señor Jesucristo y promueva principios bíblicos.

CREADO PARA SOÑAR
Edición en español publicada por
Editorial Vida – 2023
Nashville, Tennessee

Publicado originalmente en EUA bajo el título:
Created to Dream
Copyright © 2023 por Rick Warren
Publicado con permiso de Zondervan, Grand Rapids, Michigan 49530.
Todos los derechos reservados

Traducción: *ChristianLingua.com*
Adaptación del diseño al español: *Deditorial*
Diseño de cubierta: Ashe Correa, Azrielle Tamez, Faith King
Ilustraciones de cubierta: pikisuperstar / Freepik

IISBN: 978-0-82977-291-3
eBook: 978-0-82977-292-0
Audio: 978-0-82977-293-7

Número de Control de la Biblioteca del Congreso: 2023936506

CATEGORÍA: Religión / Vida Cristiana / Inspiración

IMPRESO EN ESTADOS UNIDOS DE AMÉRICA
PRINTED IN THE UNITED STATES OF AMERICA

23 24 25 26 27 LBC 5 4 3 2 1

Índice

CAPÍTULO 1

Cómo se *conectan* los sueños y la fe

Pues yo sé los planes que tengo para ustedes —dice el SEÑOR—. Son planes para lo bueno y no para lo malo, para darles un futuro y una esperanza.

Jeremías 29:11

Fuiste creado para soñar.

Los sueños tienen una función esencial en el desarrollo de tu fe y te ayudan a convertirte en el tipo de persona que Dios siempre ha querido que seas. Existe una importante conexión entre soñar y creer, entre tu imaginación y tu crecimiento. Sin un sueño, te estancarás. Pero con los sueños inspirados por Dios, tus posibilidades son casi infinitas.

Antes de que respiraras por primera vez, Dios ya había puesto *el don de la imaginación* en tu mente. Dios incorporó la creatividad a cada célula de tu cuerpo. La Biblia dice que fuiste creado a la propia imagen de Dios.[1] Ser creado a imagen de Dios implica,

> **Un sueño grande es una declaración de fe.**

entre otras cosas, que tenemos la habilidad de soñar y crear algo de la nada.

Esta capacidad de soñar algo que aún no has vivido es una cualidad dada por Dios que distingue a los seres humanos del resto de su creación. Los peces no pueden imaginar cómo volar ni vivir fuera del agua. Las aves no pueden imaginar cómo vivir bajo el agua. Pero los seres humanos han soñado con ambas cosas, y otras más, durante muchos años.

Soñar es una parte importante de lo que te hace ser humano. Las personas tienen grandes sueños. Se imaginan creando y haciendo cosas incluso años antes de que esas cosas se hagan realidad. Todo lo que la humanidad ha logrado en la historia comenzó como un sueño. Napoleón dijo una vez: «¡La imaginación gobierna el mundo!».

Tus sueños moldean profundamente tu identidad, tu felicidad, tus logros y tu plenitud. Pero los sueños inspirados por Dios son más importantes que estos beneficios, ya que también tienen implicancias *eternas*. Los sueños son siempre el primer paso que Dios usa en su proceso para cambiar tu vida para mejor. Todo comienza como un sueño.

Dios sueña. ¡Solo observa a tu alrededor! Todo lo que hay en el universo es algo que Dios soñó. En el primer versículo del primer capítulo de la Biblia ya nos encontramos con la creatividad de Dios. Génesis 1:1 dice: «*En el principio, Dios creó* [...]».[2] Dios imaginó y creó todo con su Palabra. Todo comenzó en su mente. La Biblia dice: «*Dios creó todas las cosas por medio de él, y nada fue creado sin él. La Palabra le dio vida a todo lo creado, y su vida trajo luz a todos*».[3]

Con solo observar la naturaleza, podemos aprender mucho sobre Dios. Podemos ver que Dios es poderoso, que ama la belleza, que le importan los detalles, que es organizado. Él ha creado todo tipo de sistemas coordinados que se interrelacionan —en las galaxias, en nuestro entorno, en tu cuerpo y en muchas otras formas—. La ciencia continúa descubriendo nuevas relaciones entre sistemas que desconocíamos hasta el momento.

Sobre todo, vemos la *creatividad* de Dios en la naturaleza. Nuestro Creador es extravagantemente creativo. Solo piensa en todas las plantas y animales que habitan nuestro planeta. Él soñó las millones de variedades de criaturas y de plantas

—y luego, te creó a ti—. Y al darte la capacidad de soñar, imaginar y planificar, también te permitió crear.

Los niños son soñadores creativos por naturaleza. Aprendemos con juegos de imaginación o fantasía. En tu mente, tú soñaste con hacer cosas mucho antes de llevarlas a cabo efectivamente. Sí, los niños son soñadores creativos por instinto que imaginan todo tipo de cosas que los adultos saben que son «imposibles». ¿Qué sucede con todos esos sueños y esa creatividad alegre? Con el tiempo, otras personas los aplastan, los sofocan, los repri- men, los asfixian y los destruyen. Es algo trágico, pero cierto. Normalmente, cuanto más grandes somos, menos imaginamos y creamos.

¿Qué tiene que ver esto con tu desarrollo espi- ritual? ¡Todo! De eso se trata este libro. Como men- cioné, muchas personas desconocen la importante conexión que existe entre los sueños y la fe. Pero los hombres y mujeres de mucha fe siempre han sido grandes soñadores. No dejaron de soñar cuando se hicieron mayores. La Biblia está llena de ejemplos de soñadores adultos: Abraham, José, Moisés, Rut, Ester y muchos más. En vez de conformarse con las cosas tal como están en el mundo, las personas de fe imaginan todo lo que podría suceder si tan solo confiaran en Dios un poquito más.

Una gran fe inspira grandes sueños.

Los grandes sueños necesitan una gran fe.

De muchas maneras, un sueño grande es una declaración de fe. Por supuesto, declarar tu sueño públicamente requiere fe, porque otras personas podrían rechazarlo. Imaginar o soñar con valentía un mejor futuro para ti, tu familia u otros es un acto de fe. Estás diciendo: «¡Creo que las cosas *pueden* cambiar y pueden ser diferentes, y creo que Dios me permitirá lograrlo!». Dios siempre se sentirá feliz si confiamos en él. La Biblia dice: «*De hecho, sin fe es imposible agradar a Dios. Todo el que desee acercarse a Dios debe creer que él existe y que él recompensa a los que lo buscan con sinceridad*».[4] Creo que a Dios le agrada que estés leyendo esto ahora. Tú le importas a Dios y él todavía no terminó su obra en tu vida. Este es el comienzo de algo maravilloso.

> Mientras trabajas para cumplir tu sueño, Dios obrará en tu carácter.

En este breve libro, resumiré las seis fases del proceso que Dios usa para hacer crecer nuestra fe y desarrollar nuestro carácter. Este proceso figura ilustrado una y otra vez en las vidas de las personas de la Biblia. Aún más importante es que este proceso de edificación de fe se repetirá una y otra vez en *tu* vida mientras Dios te guía hacia la madurez espiritual y emocional.

El proceso de crecimiento comienza con un sueño, pero soñar es solo la primera fase. Hay cinco fases más, y si no comprendes las muchas formas en las que tu sueño (y tu fe) serán puestas a prueba, sentirás ganas de renunciar. Pero soñar es solo el primer paso que pone las cosas en marcha, es el catalizador para el cambio personal. Y *eso* es lo que más le importa a Dios: prepararte para la vida eterna con él.

Pero he aquí un pequeño secreto: mientras tú estás más interesado en alcanzar tu sueño en la tierra, Dios está más interesado en *forjar tu carácter* para el cielo. ¿Por qué? Porque Dios tiene planes a largo plazo para ti que exceden tu breve tiempo en la tierra. Dios tiene una visión más amplia de ti, él observa tu vida a la luz de la eternidad. La realidad es esta: *cualquier* meta o sueño que visualices aquí en la tierra será a corto plazo, porque todo aquí es temporario. Solo estamos de paso. Esto es solo el inicio antes de que comience el espectáculo principal después de la muerte. La vida en la tierra no es algo duradero, pero la vida eterna durará para siempre.

Al morir, no te llevarás al cielo tu carrera ni tu ropa ni tu auto ni tu dinero. Tendrás que dejar todo aquí. ¡Lo único que podrás llevar a la eternidad es a ti! Esto se refiere a tu carácter y a la persona que elegiste ser. La Biblia es muy clara y directa: «*Después de todo, no trajimos nada cuando vinimos a este mundo ni tampoco podremos llevarnos nada cuando lo dejemos*».[5] Por esa razón, Dios considera que *quien eres* en la tierra es mucho más importante que *lo que hagas* mientras estás aquí. Así que, mientras trabajas para cumplir tu sueño, Dios obrará en tu carácter.

Pero hay buenas noticias: Dios promete que, si cooperamos con él, completará la renovación de tu corazón. La Biblia dice: «*Y estoy seguro de que Dios, quien comenzó la buena obra en ustedes, la continuará hasta que quede completamente terminada el día que Cristo Jesús vuelva».*[6]

La primera decisión que debes tomar es: «¿Elegiré el sueño de Dios para mi vida o mi propio sueño? ¿Permitiré que alguien más imponga su sueño en mi vida?». Permíteme aclarar esto: ¡Dios *no* prometió bendecir todo lo que sueñes! ¿Por qué? Porque no todos tus sueños, metas, pasiones y ambiciones son lo mejor para ti. Algunos sueños no son útiles, otros son dañinos, otros terminan siendo pesadillas y están los que te conducen al desastre. La Biblia dice: «*Delante de cada persona hay un camino que parece correcto, pero termina en muerte*».[7] Por esta razón deberías anhelar el sueño de Dios para tu vida, en vez del tuyo propio. El sueño de Dios para tu vida es infinitamente mejor que cualquier otro sueño que pudieras tener por tu cuenta. Como se explica en este libro, no será fácil ni sucederá rápido, pero valdrá la pena.

El sueño de Dios para ti no es una ocurrencia de último momento. Él ya sabía qué quería que

Descubrir y cumplir el sueño de Dios es un camino de fe.

hicieras incluso antes de formarte en el vientre de tu madre, y él te creó específicamente para ese propósito. La Biblia dice: «*Pues somos la obra maestra de Dios. Él nos creó de nuevo en Cristo Jesús, a fin de que hagamos las cosas buenas que preparó para nosotros tiempo atrás*».[8]

En Jeremías 29:11, Dios hizo esta promesa: «*Pues yo sé los planes que tengo para ustedes —dice el Señor—. Son planes para lo bueno y no para lo malo, para darles un futuro y una esperanza*».[9] Dios tiene un plan para tu vida. Si él no tuviese un propósito para ti, no estarías vivo. En Colosenses 1:16, la Biblia dice: «[...] *Dios creó todo lo que existe* [...]. *Todo fue creado por medio de él y para él*».[10] ¡Eso te incluye! Dios no comete errores. Él nunca hace nada por error. Él no se arrepiente. Él te creó para un propósito y tiene un sueño para tu vida.

Seguir el sueño de Dios es infinitamente más gratificante que realizar algo que soñaste por tu cuenta. Eso es porque el sueño de Dios para tu vida tiene consecuencias eternas. Él no quiere que vivas solo por el aquí y ahora. Él quiere que vivas pensando en la eternidad. Aproximadamente, tu tiempo en la tierra durará solo de ochenta a cien años, pero tu tiempo en el cielo será eterno —y el plan de Dios para tu vida también lo es—.

«Y ahora, que toda la gloria sea para Dios, quien puede lograr mucho más de lo que pudiéramos pedir o incluso imaginar mediante su gran poder, que actúa en nosotros».[11]

No sé si es tu caso, pero yo tengo sueños bastante grandes. Pero el sueño de Dios excede todo lo que yo podría imaginar. Y puedo decirte esto: intentar cumplir el sueño de Dios es la mayor aventura que podrás experimentar.

Considera estos beneficios que tendrás al intentar cumplir el sueño de Dios para tu vida: fortalecerá tu fe, intensificará tu valor y forjará tu carácter; ampliará tu imaginación, expandirá tu horizonte y tu perspectiva; clarificará tus prioridades, aclarará tu pensamiento y te ayudará a concentrar tu energía; y siempre —*siempre*— revelará algo nuevo sobre las maravillas y la gloria de Dios. No hay nada en la vida que haga lo que el sueño de Dios hará por ti. No encontrarás una mayor plenitud que cuando hagas aquello para lo que Dios te creó.

Conocer el sueño de Dios

Hay muchas cosas en la vida sobre las que no tenemos control. No elegiste a tus padres ni cuándo o dónde nacer. Tampoco elegiste tu raza o tu género. Pero hay algo sobre lo que tienes total control y es si aceptas la invitación de Dios de seguir su sueño para tu vida.

¿Cómo descubrir cuál es el sueño de Dios? Y más aún, ¿cómo cumplirlo? Descubrir y cumplir el sueño de Dios es un camino de fe. Por lo general, su sueño no se explica detalladamente, sino que lo vas descubriendo un paso a la vez. La Biblia dice: «*El camino de los justos es como la primera luz del amanecer, que brilla cada vez más hasta que el día alcanza todo su esplendor*».[12] Eso significa que el sueño de Dios se volverá más evidente, será cada vez más claro con cada paso que des. Cumplir el sueño de Dios requiere mucha paciencia. La paciencia es una de las herramientas más comunes que Dios usa para forjar tu fe. De hecho, requiere más fe esperar que arriesgarse, porque esperar te obliga a decidir si seguirás confiando en Dios o te rendirás y te alejarás.

Isaías 7:9b dice: «*A menos que ustedes tengan una fe firme, no puedo hacer que permanezcan firmes*».[13] Entonces, ¿cómo es tu fe? ¿Es sólida o débil? ¿Es constante o cede? Es importante que contestemos estas preguntas. Jesús dijo: «[...] *Todo es posible si uno cree*».[14] Jesús también dijo: «[...] *Debido a su fe, así se hará*».[15] En otras palabras, ¡hay mucho en juego en tu fe! Tu fe influye en las bendiciones que Dios derrama sobre tu vida.

Quizás pienses que tu fe no es lo suficientemente fuerte como para seguir el sueño de Dios. ¡Claro que sí! La fe que tienes es suficiente para comenzar. Jesús dijo que para mover una montaña solo necesitas una fe del tamaño de una semilla de mostaza. ¿Tienes una fe pequeña? Entonces da un paso pequeño. Cuando lo hagas, tu fe crecerá y podrás dar el siguiente paso.

La fe es como un músculo. Debe ejercitarse y desarrollarse. Dios usa un patrón y un proceso predecible para forjar tu fe. Es lo que yo llamo «las seis fases de la fe». Cuando hayas comprendido estas seis fases, podrás cooperar mejor con Dios para fortalecer tu fe y forjar tu carácter mientras vives la gran aventura de perseguir el sueño de Dios para tu vida.

Las seis fases de la fe

Como pastor, muy a menudo me preguntan: «¿Por qué me sucede esto? No lo comprendo. Pensé que estaba persiguiendo el sueño de Dios, pero ahora estoy listo para rendirme». ¿Suena familiar? Cuando no comprendes las seis fases de la fe, puedes llegar a sentir resentimiento o, incluso, depresión. Ciertamente, te preocuparás; también podrías sentir temor en cuanto al futuro. Y, lo que es peor, no podrás cooperar con lo que Dios quiere hacer en tu vida. Pero cuando comprendas las seis fases por las que Dios lleva a cada creyente —y él nos hace recorrer cada una de ellas una y otra vez—, entonces podrás decir: «¡Oh, ahora entiendo! En este momento estoy en la etapa cuatro», o la seis o la dos. Comprenderás qué sucede, y será menos probable que te sientas desanimado cuando te enfrentes a momentos difíciles.

Te presentaré las seis fases de la fe y su función al procurar alcanzar el sueño de Dios. En los próximos capítulos veremos cada fase con más profundidad.

Fase 1: Un sueño

¿Cómo forja Dios tu fe? Él siempre comienza con un sueño. Nada sucede hasta que comienzas a soñar. Debes tener una idea, una visión, una meta o un objetivo. Cuando Dios quiere obrar en tu vida, él te da un sueño que quiere que cumplas y te muestra el impacto que él quiere que tengas en el mundo. En el siguiente capítulo, te enseñaré cómo descubrir el sueño de Dios para tu vida.

Fase 2: La decisión

¡Tienes que tomar la decisión de ir por él! Nada sucederá con tu sueño hasta que te despiertes y lo pongas en acción. Por cada diez soñadores en el mundo, solo una persona toma la decisión. La única manera de avanzar en la fe es decidir arriesgarse. En el capítulo 3, te explicaré seis principios bíblicos para tomar decisiones sabias.

Fase 3: Las demoras

Al intentar seguir tu sueño, siempre tendrás un período de espera. ¿Por qué Dios te hace esperar? Porque Dios quiere que trabajes en *ti* antes de trabajar en tu proyecto. El propósito de la fase de la demora es enseñarte a confiar en Dios y ser paciente con sus tiempos. La forma en la que te comportas en las salas de espera de la vida de Dios es una medida clara de la fuerza de tu fe. En el capítulo 4, te mostraré cómo seguir adelante cuando tu sueño se demore.

Fase 4: Las dificultades

No solo tendrás que esperar, también tendrás problemas mientras esperas. Aunque tu sueño se alinee con el sueño de Dios, igualmente surgirán problemas porque Dios está obrando en tu fe y en tu carácter. En el capítulo 5, compartiré contigo qué hacer y qué no hacer cuando tengas que lidiar con la dificultad.

Por último, las dificultades serán tan difíciles que llegarás a tu límite. Has intentado todo, has agotado todas tus opciones... Y ahora, has llegado a la quinta fase de la fe.

Fase 5: El callejón sin salida

En la fase del callejón sin salida, la situación se agrava y pasa de difícil a imposible. Si llegaste a esta etapa, ¡felicitaciones! Estás en buena compañía.

Hasta el apóstol Pablo se encontró con callejones sin salida. Él escribió: «*Amados hermanos, pensamos que tienen que estar al tanto de las dificultades que hemos atravesado en la provincia de Asia. Fuimos oprimidos y agobiados más allá de nuestra capacidad de aguantar y hasta pensamos que no saldríamos con vida. De hecho, esperábamos morir; pero, como resultado, dejamos de confiar en nosotros mismos y aprendimos a confiar solo en Dios, quien resucita a los muertos*».[16] Dios no solo puede resucitar a la gente de una muerte física, sino también de una muerte emocional. Él puede resucitar un matrimonio muerto. Puede resucitar una carrera muerta. Puede dar nueva vida cuando toda la esperanza haya desaparecido. En el capítulo 6, te mostraré cómo aferrarte a tu fe cuando te encuentres ante un callejón sin salida.

Fase 6: La liberación

Al final, Dios libera. Realiza un milagro. Da una solución. A Dios le encanta convertir crucifixiones en resurrecciones, desesperanza en victoria y callejones sin salida en liberación. ¿Por qué? Porque él obtiene la gloria. En el capítulo 7, te mostraré la clave de la liberación.

¿En qué fase te encuentras hoy?

¿Te ha dado Dios un sueño? De eso se trata la primera fase. Si no tienes un sueño, entonces no estás viviendo realmente, solo estás existiendo.

Quizás ya te encuentres en la segunda fase. Tienes un sueño de parte de Dios, pero no has tomado la decisión de perseguirlo. Sigues indeciso. Piensas que estás esperando en Dios, pero, en realidad, Dios está esperándote a ti. La palabra de Dios para ti en la fase de la decisión es: «¡Ve por él!». ¡El cielo también te alienta!

Puede que ahora te encuentres en la tercera fase. Tienes un sueño y has tomado la decisión de cumplirlo, pero surge una demora. Le preguntas a Dios: «¿Por qué mi oración no ha sido respondida aún?». Si estás en la tercera fase, recuerda que te encuentras en la sala de espera de Dios. No te desvíes ni tampoco te adelantes a Dios. Espera a que él abra la puerta correcta.

Quizás te encuentres en la cuarta fase y estés afrontando una prueba. ¿Qué dificultades afrontas mientras esperas que el sueño se cumpla? Dios dice: «Sé exactamente por lo que estás pasando.

Yo lo veo. Estoy observando. No pienses que te he olvidado, porque no es así».

O tal vez estés en la quinta fase y pienses: «Choqué contra una pared. Estoy en un callejón sin salida. Estoy listo para rendirme». Bueno, estás justo donde Dios quiere que estés. Dios te está diciendo: «¡Resiste! ¡Sigue creyendo! ¡No te rindas!». Casi llegas a la sexta fase: la liberación.

¿Esperas que Dios te libere? Dios es fiel. Siempre cumple lo que promete. El Señor te guiará y te proveerá. Pero no sucede de un día para el otro. Tienes que atravesar las fases del sueño: la decisión, las demoras, las dificultades, los callejones sin salida... y, entonces, llega la liberación.

> **El Señor te guiará y te proveerá.**

Observa nuevamente este versículo en Efesios 3:20: «*Y ahora, que toda la gloria sea para Dios, quien puede lograr mucho más de lo que pudiéramos pedir o incluso imaginar mediante su gran poder, que actúa en nosotros*».[17] Es como si Dios te dijese: «Piensa en el sueño más importante para tu vida, yo puedo ayudarte a lograr más». Ese es el tipo de sueño que Dios tiene para ti. Es más grande y mucho mejor que cualquier ambición, meta o deseo que puedas soñar por tu cuenta.

¿Estás listo para hacer aquello para lo que Dios te creó? El sueño de Dios te espera.

CAPÍTULO 2

Descubriendo
el sueño de
Dios para ti

Y ahora, que toda la gloria sea para Dios,
quien puede lograr mucho más de lo que
pudiéramos pedir o incluso imaginar mediante
su gran poder, que actúa en nosotros.

Efesios 3:20

Si no tienes un sueño, en realidad no estás viviendo, solo estás existiendo.

El sueño de Dios determina tu destino y define tu dignidad. Es la razón por la que existes. Es tu propósito para la vida. Sin un sueño, a tu día le faltará significado y dirección. Sin un sueño, siempre lucharás con tu identidad, con quién tú eres.

Después de conocer a Jesucristo, no hay nada más importante que descubrir cuál es el sueño de Dios para tu vida. La vida tiene sentido solo cuando descubres por qué Dios te creó y qué quiere que hagas.

La Biblia nos brinda varios ejemplos:

- Dios le dio a Noé el sueño de salvar al mundo del diluvio.

- Dios le dio a Abraham el sueño de ser el padre de una gran nación.
- Dios le dio a José el sueño de ser un líder que salvaría a su pueblo.
- Dios le dio a David el sueño de edificar el templo.
- Dios le dio a Nehemías el sueño de reconstruir la muralla alrededor de Jerusalén.
- Dios le dio a Pablo el sueño de ir a Roma.
- Nada sucede hasta que comienzas a soñar.

La verdad es que todo comienza con un sueño. Todo lo que ha sido creado comenzó con alguien que lo soñó primero. Dios soñó cada árbol, cada montaña, cada planeta, ¡todo el universo! También te soñó a ti y te creó y te dio la capacidad de ser un soñador. Si bien tú puedes soñar cosas maravillosas, el sueño de Dios fue creado especialmente para ti. Él te da la capacidad de soñar nuevos pasatiempos, nuevos emprendimientos y nuevos ministerios, soñar con marcar una diferencia y cambiar tu comunidad, soñar con tener un impacto en el mundo. Todo comienza con un sueño.

¿Notaste que hay tres tipos de sueños? Un sueño se puede referir a esos pensamientos e imágenes que tienes mientras duermes. No todos esos sueños son lindos o buenos, algunos son pesadillas. Los sueños también pueden ser las pasiones y las ambiciones que tienes mientras estás despierto, y esos son más importantes que los sueños que tienes cuando duermes. Pero el tercer tipo de sueño, el sueño de Dios para tu vida, es el más importante de todos.

¿Cómo sabes si un sueño es de Dios o si lo estás inventando tú mismo? ¿Cómo sabes si es Dios quien te habla o si el sueño es una consecuencia de la cena abundante que tuviste anoche? Cuando era niño, soñaba con ser una estrella de *rock* para poder tocar la guitarra. Pero ese era *mi* sueño, no era el sueño de Dios para mí. Dios tenía un sueño más importante, uno que iba más allá de lo que yo pudiera pedir o pensar por mi cuenta.

Una manera de saber si un sueño es de Dios es determinar si el sueño requiere fe. El sueño de Dios siempre requerirá fe. Será tan grande que no podrías

> **El sueño de Dios nunca contradecirá la Palabra de Dios.**

lograrlo por tu cuenta. Si pudieras lograrlo por tu cuenta, no necesitarías fe y «*sin fe es imposible agradar a Dios*».[1]

La segunda manera para reconocer si un sueño es de Dios es determinar si se alinea con la Palabra de Dios. El sueño de Dios nunca contradecirá su Palabra. Dios no te dará el sueño de dejar a tu familia para convertirte en una estrella de Hollywood. No te dará el sueño de hacer trampa en los negocios para que puedas donar las ganancias al programa de edificación de tu iglesia. Repito, el sueño de Dios nunca contradecirá la Palabra de Dios.

Un sueño personalizado

Dios tiene una voluntad «*buena, agradable y perfecta*»[2] para tu vida. No es un plan único o estándar para todos. El sueño de Dios para tu vida es personal, es personalizado para la forma en la que él te creó.

Hay cinco factores importantes que te hacen ser quien *tú* eres. Para ayudarte a recordarlos, he creado un sencillo acrónimo: FORMA.

- **F**ormación espiritual
- **O**portunidades
- **R**ecursos
- **M**i personalidad
- **A**ntecedentes (experiencias)

Eres la única persona en el mundo con una FORMA única dada por Dios. Eso significa que eres la única persona que puede cumplir el sueño de Dios para tu vida. No solo el sueño de Dios es personal, sino también positivo. Es un plan «*para lo bueno y no para lo malo, para darles un futuro y una esperanza*».[3]

¿Cómo descubrir cuál es el sueño de Dios? Observemos cinco pasos para hacerlo.

Dedica toda tu vida a Dios

Si quieres que Dios te muestre cuál es su sueño para tu vida, entonces debes estar dispuesto a hacer todo lo que Dios quiere que hagas, incluso antes de que él te lo manifieste. No digas: «Dios, muéstrame qué quieres que haga y luego diré que sí». Solo di que sí y entonces él te mostrará qué hacer.

Romanos 12:1 dice: «[...] *les ruego que cada uno de ustedes se entregue como sacrificio vivo y santo; este es el único sacrificio que a él le agrada*».[4] Para descubrir la voluntad de Dios, la Biblia dice que debes «entregarte» a él. Eso significa que debes dedicar cada parte de tu vida —tu tiempo, tus talentos, tus riquezas, tus relaciones personales, tu pasado, tu presente y tu futuro— a los propósitos de Dios. Sacrifica tu agenda en pos de la agenda de Dios. Dale el control de tu vida a él.

La Biblia continúa diciendo: «*No imiten las conductas ni las costumbres de este mundo, más bien dejen que Dios los transforme en personas nuevas al cambiarles la manera de pensar. Entonces aprenderán a conocer la voluntad de Dios para ustedes, la cual es buena, agradable y perfecta*».[5]

Imitar significa ajustar algo a un molde. *Transformar* significa cambiar algo desde el interior —y existe una gran diferencia entre estas dos palabras—. Dios quiere transformarte cambiando tu forma de pensar sobre él, sobre ti, sobre la vida y el mundo que te rodea. La razón principal por la que las personas no alcanzan el sueño de Dios es porque intentan amoldarse al resto del mundo y se convierten en una copia de alguien más, en vez de ser las personas que Dios tuvo en mente al crearlas.

Si quieres comprometerte a descubrir cuál es el sueño de Dios para tu vida, entonces debes decidir si vas a amoldarte o a ser transformado. ¿Te conformarás con «una buena vida» o con la vida de Dios? ¿Preferirás los estándares del mundo o los de Dios?

Hebreos 12:1 dice: «[...] *quitémonos todo peso que nos impida correr* [...]. *Y corramos con perseverancia la carrera que Dios nos ha puesto por delante*».[6] Dios tiene un camino para tu vida que él quiere que recorras. Si siempre estás observando a otras personas, terminarás intentando recorrer su camino, y no hay manera de que puedas alcanzar el destino ajeno. Para conocer la voluntad de Dios, debes dejar de imitar las costumbres del mundo y permitir que Dios te transforme en la persona que él ha diseñado para ti.

¿Cómo es la voluntad de Dios? Es buena, agradable y perfecta (Romanos 12:2b). La palabra griega que se traduce como «perfecta» significa que la voluntad de Dios se ajusta a ti —eres justo lo que quieres ser, lo que debes ser, lo que puedes ser y lo que deberías ser—. En otras palabras, eres exactamente para lo que fuiste creado.

Lo primero que debes hacer para descubrir el sueño de Dios para tu vida es dedicarle toda tu vida a Dios. En Hechos 20:24, el apóstol Pablo dice: «*Pero mi vida no vale nada para mí a menos que la use para terminar la tarea que me asignó el Señor Jesús* [...]».[7]

¿Lo has hecho? ¿Has dedicado tu vida a él? Buscar cumplir el sueño de Dios para tu vida es un camino de fe, y el primer paso es poner tu fe en Jesucristo para que él perdone tus pecados. Ese es el punto de partida. Jesús ya te ha ofrecido su perdón. Al morir en la cruz, él pagó el precio por tus pecados. No hay nada que puedas hacer, solo creer y recibir.

La Biblia dice: «*Pero a todos los que creyeron en él y lo recibieron, les dio el derecho de llegar a ser hijos de Dios*».[8] Cree que Jesús murió por tus pecados y que Dios lo resucitó de entre los muertos, y recibe el regalo del perdón. No debes aprobar ningún examen ni atravesar obstáculos ni pagar nada —el pago por tus pecados ya lo saldó Jesucristo en la cruz—. Solo recibe su perdón por fe.

Si todavía no has recibido a Jesucristo en tu corazón, te invito a que repitas esta oración:

Amado Dios, sé que soy tu creación y que me creaste para amarme y para que yo te ame. Hoy, quiero apartarme de mis planes y seguir tu voluntad para mi vida. Te pido que me perdones por mis pecados y por todas las veces que me alejé de ti y actué como si tu opinión no importara. Me sorprende que desees tener una relación conmigo y que estés interesado en los detalles de mi vida. Pero por sobre todas las cosas, me asombra que tú, Jesús, hayas venido a la tierra a morir por mí y pagar por mi pecado. No lo comprendo todo, ¡pero te digo que sí! Ayúdame a aprender a amarte, a confiar en ti y a seguirte con fe. Desde ahora en adelante, quiero seguir el sueño que tienes para mi vida. Aunque no sepa cómo, te entrego mi vida. Oro en tu nombre. Amén.

Si has dicho esta oración por primera vez, estaré emocionado de saberlo. Envíame un correo

electrónico a Rick@PastorRick.com y cuéntame
sobre tu decisión de poner tu fe en Cristo. Te enviaré
material gratuito para ayudarte a dar los primeros
pasos para seguir el sueño de Dios para tu vida.

DEDICA TIEMPO A SOLAS CON DIOS

Si quieres escuchar la voz de Dios, entonces
debes silenciar el ruido que hay a tu alrededor. La
Biblia dice que Dios habla con una voz suave y apacible, así que no podrás oír su voz en el torbellino
de una vida alocada.

Para visualizar el sueño de Dios, debes apagar
la televisión y desconectarte de todos tus dispositi-
vos electrónicos. No puedes escuchar a Dios y ver tu
programa de televisión favorito al mismo tiempo.
La razón por la que nunca escuchas a Dios hablar
puede ser porque nunca estás en silencio —siempre
está sucediendo algo—. Debes dedicar un tiempo a
solas con Dios para que él pueda hablarte.

La Biblia dice en Job 37:14: «[...] ¡detente y considera los maravillosos milagros de Dios!».[9]

Dios quiere pasar tiempo contigo. ¿No es maravilloso? El Creador del universo dice: «Detente,
guarda silencio y pasa algún tiempo a solas

conmigo para que pueda hablarte». Esta es la disciplina espiritual de la soledad. Dios les habla a las personas que se toman el tiempo para escuchar. ¿Cuándo fue la última vez que hiciste una pausa para escuchar a Dios?

Si quieres escuchar a Dios, debes dedicar un tiempo cada día a leer y estudiar su Palabra. Durante ese momento tranquilo, haces una pausa, escuchas y reflexionas sobre lo que Dios está haciendo en tu vida. Es un momento en el que le hablas a Dios en oración y permites que él te hable a través de la Biblia. Es bueno dedicarle un tiempo a esto cada día, pero también lo es dedicar un día entero, al menos una vez por año, para estar a solas con Dios y preguntarle: «¿Adónde quieres que vaya y qué quieres que haga?». Será un día para orar, pensar, escribir, establecer algunas metas y prioridades y hacerle algunas correcciones a tu camino para asegurarte de que estás cumpliendo el sueño de Dios para tu vida.

Si vives hasta los setenta años, vivirás 25 567 días. ¿Acaso no vale la pena dedicar al menos uno de esos días a descubrir qué quiere Dios que hagas con el resto de tu vida?

Evalúa tus habilidades

Puedes descubrir la voluntad de Dios con solo observar cómo él te creó. ¿Qué talentos, habilidades, experiencias, dones espirituales y rasgos de la personalidad te dio? Estos son indicios que nos muestran la dirección que Dios quiere que tomes en tu vida. ¿Por qué tendrías esos dones si él no quisiera que los uses? Eso sería un desperdicio.

La Biblia dice: «*Dios, de su gran variedad de dones espirituales, les ha dado un don a cada uno de ustedes. Úsenlos bien para servirse los unos a los otros*».[10] En otras palabras, somos salvados para servir. De esto se trata el ministerio: de usar tus talentos y dones para ayudar a otras personas para la gloria de Dios.

Efesios 2:10 dice: «*Pues somos la obra maestra de Dios. Él nos creó de nuevo en Cristo Jesús, a fin de que hagamos las cosas buenas que preparó para nosotros tiempo atrás*».[11] La palabra griega que se traduce como «obra» es *poiema*, de la que surge la palabra *poema*. Tu vida tiene una rima y una razón de ser. Tienes un mensaje de vida que debes compartir con otros. La versión Nueva Biblia Viva (NBV) lo expresa de esta manera: «*Somos creación de Dios*».

Eres una obra de arte única y personalizada para un propósito específico. No hay nadie exactamente igual a ti y nadie más puede cumplir tu propósito.

Al ser la persona que Dios quiere que seas sentirás la plenitud verdadera. Así que pregúntate: «¿Qué es lo que hago bien? ¿Qué es lo que me encanta hacer? ¿Qué me apasiona? ¿Qué me entusiasma y me pone en acción? ¿Qué es lo que otros dicen que hago bien? ¿Qué capacidades me surgen naturalmente? ¿Cuáles han sido mis logros más exitosos? ¿Cómo puede Dios usar estas habilidades para sus propósitos?». Quizás quieras dedicar un día entero a responder estas preguntas. Las respuestas te indicarán el camino hacia el sueño de Dios para tu vida.

RELACIÓNATE CON SOÑADORES PIADOSOS

Pasa algún tiempo con personas que estén intentando descubrir cuál es el sueño de Dios para sus vidas.

Los amigos neutrales no existen. Las personas más cercanas te ayudarán a descubrir cuál es el sueño de Dios para tu vida o te estorbarán, así que elige a tus amigos con mucho cuidado. He visto a demasiadas personas que no pudieron cumplir el sueño de Dios porque un amigo cercano las desanimó.

Tanto los sueños como el desánimo son contagiosos, por eso es importante ser parte de la familia de la iglesia y rodearte de personas que también busquen cumplir la voluntad de Dios. La Biblia dice que «*como el hierro se afila con hierro, así un amigo se afila con su amigo*»[12], y también dice que «*las malas compañías corrompen el buen carácter*».[13] Si quieres seguir el sueño de Dios para tu vida, entonces necesitas algunos amigos piadosos que te ayuden a descubrirlo.

> Tanto los sueños como el desánimo son contagiosos.

Asimismo, si eres casado o casada, parte de tu sueño involucrará a tu cónyuge (y, si tienes, también a tus hijos). Dios no te dará un sueño que los ignore para que puedas irte solo. Las personas más cercanas a ti confirmarán el sueño de Dios.

Haz público tu sueño

Primero, debes visualizar el sueño. Luego, debes verbalizarlo y decir: «Esto es lo que creo que

Dios quiere hacer en mi vida». Contar tu sueño a otros demuestra tu fe y anima a las personas a ser parte del plan de Dios.

Ahora bien, esto no es solo teoría. Permíteme contarte cómo se dio esto en mi vida. El 30 de marzo de 1980, con veinticinco años, prediqué mi primer sermón en la Iglesia Saddleback. Me paré ante sesenta personas y leí el sueño que Dios me había dado para nuestra congregación:

Es el sueño de un lugar en donde los heridos, los que no tienen esperanza, los desanimados, los deprimidos, los frustrados y los confundidos puedan encontrar amor, aceptación, ayuda, perdón, guía, aliento y apoyo.

Es el sueño de comunicar las buenas nuevas de Jesucristo a los cientos de miles de residentes del sur del condado de Orange, California.

Es el sueño de darles la bienvenida a veinte mil miembros integrándolos a la comunión de la familia de nuestra iglesia, amando, aprendiendo, riendo y viviendo unidos en armonía, representando el amor de Dios al mundo.

Es el sueño de guiar a las personas a alcanzar la madurez espiritual y la plenitud de su potencial a través del discipulado, mediante estudios bíblicos, grupos pequeños, retiros, seminarios y herramientas, para ayudarlos a crecer en la semejanza de Cristo y cumplir el propósito de sus vidas.

Es el sueño de equipar a cada creyente para su ministerio personal a través de nuestra iglesia, ayudándole a descubrir los dones y talentos que Dios le ha dado.

Es el sueño de enviar a cientos de nuestros miembros en misión a cada continente, dotando a cada uno de ellos para vivir su misión personal en este mundo.

Es el sueño de capacitar a los líderes y misioneros de la iglesia en todo el mundo. Es el sueño de plantar, por lo menos, una nueva iglesia cada año.

Es el sueño de tener, por lo menos, veinte hectáreas de tierra para construir un gran campus de la iglesia regional, con dependencias hermosas y eficientes, que incluyan un centro de adoración para miles de personas, un centro de consejería y oración, salones de clase para estudios y formación bíblicos y un área de recreación al aire libre. Estas instalaciones estarán diseñadas para ministrar a la persona en su totalidad —espiritual, emocional, física y socialmente—, y se situarán en medio de un inspirador paisaje natural de jardines que refrescan el alma, con hermosos árboles, flores, verde césped, áreas de pícnic, fuentes centelleantes y piletas para bautizar. Queremos que, al llegar al lugar, las personas se sientan relajadas.

Me paro frente a ustedes hoy y declaro con seguridad y confianza que estos sueños se harán realidad. ¿Por qué? ¡Porque Dios los inspiró y son para su gloria!

Hoy, puedo decir que cada una de estas palabras, y más, se ha cumplido. Solo Dios podía hacerlo. Solo Dios podía haberme dado un sueño tan audaz. Regresé a casa muerto de miedo, preguntándome: «¿Qué he hecho? ¿Por qué no lo mantuve como un secreto?».

Si no hubiese compartido con nadie este sueño, podría no haber comenzado nunca y no habría tenido testigos del milagro. El temor al fracaso podría haberme impedido que hiciese lo que Dios quería de mí.

Hay tres razones para declarar públicamente tu sueño: primero, da inicio a tu sueño. Ya no puede haber más procrastinación. Una vez anunciado, ya eres responsable de él y debes ponerte en movimiento.

La segunda razón es que atrae el apoyo de otras personas. ¿Por qué? Porque un sueño grande inspira a otros a soñar. En cuanto conté mi sueño, otras personas quisieron ser parte de él. Un sueño de Dios puede atraer a personas que no conoces aún, pero que compartirán sus capacidades, sus recursos, su sabiduría, su pasión y su energía para ayudarte a alcanzar tu meta.

La tercera razón para declarar públicamente tu sueño es que libera el poder de Dios. Por fe, saliste de la barca y comenzaste a caminar sobre las aguas, y Dios te sostiene. Lo que pensaste que era imposible comienza a suceder. La Biblia dice: «*Dios hará que esto suceda, porque aquel que los llama es fiel*».[14] ¡Esa es una promesa sobre la que puedes edificar tu vida!

Comienza a soñar

Cuando descubras el sueño de Dios para tu vida, debes reordenar tu vida alrededor de él. Nada es más importante que cumplir el sueño de Dios para ti. Es la razón por la que él te creó. En Hechos 20:24, el apóstol Pablo dijo: «*Pero mi vida no vale nada para mí a menos que la use para terminar la tarea que me asignó el Señor Jesús, la tarea de contarles a otros la Buena Noticia acerca de la maravillosa gracia de Dios*».[15] El secreto de la grandeza es tener un enfoque único. Eso es lo que el mundo necesita hoy: hombres y mujeres comprometidos, con carácter y convicción que estén dispuestos a priorizar el sueño de Dios en sus vidas por sobre otras cosas. Son héroes para Cristo. Las

> Nada es más importante que cumplir el sueño de Dios para ti. Es la razón por la que él te creó.

personas extraordinarias son solo personas comunes que se aferraron a sueños extraordinarios.

Detente un minuto y hazte las siguientes preguntas: «¿Por qué me puso Dios en la tierra? ¿Por qué me puso Dios en esta área en particular, con estas pasiones y habilidades específicas, en este momento de la historia? ¿Qué podría hacer Dios a través de mi vida si se la entrego completamente?». En las respuestas a esas preguntas encontraremos el sentido, el propósito y el significado.

Nada sucederá en tu vida hasta que comiences a soñar. Te desafío a soñar grandes cosas para Dios.

CAPÍTULO 3

Decidiendo
actuar

El que es así, no piense que va a recibir alguna
cosa del Señor, porque no es capaz de tomar
decisiones ni es constante en lo que hace.

Santiago 1:7-8 (NBV)

Un sueño no es nada hasta que te despiertas y actúas en consecuencia. No podrás cumplir el sueño de Dios para tu vida a menos que atravieses la fase de la decisión de la fe.

Los héroes de la Biblia tomaban decisiones audaces:

- Dios le dio a Noé el sueño de salvar al mundo del diluvio, pero Noé tuvo que tomar la decisión de construir el arca.
- Dios le dio a Abraham el sueño de ser el padre de una gran nación, pero Abraham tuvo que tomar la decisión de dejar la comodidad y la seguridad de un hogar y partir hacia lo desconocido.

- Dios le dio a Moisés el sueño de liberar a los hijos de Israel después de cuatrocientos años de esclavitud, pero Moisés tuvo que tomar la decisión de confrontar al faraón.
- Jesús llamó a los discípulos para que se unieran a él en el ministerio, pero ellos tuvieron que tomar la decisión de dejar sus oficios para seguirlo.
- Jesús invitó a Pedro a caminar con él sobre las aguas, pero Pedro tuvo que tomar la decisión de salir del bote y dar un paso hacia el milagro.

Durante la fase de la decisión, debes hacer dos cosas. Primero, debes invertir. Tienes que tomar la decisión de invertir tu tiempo, tu dinero, tu reputación y tu energía en las cosas que te ayudarán a seguir el sueño de Dios. Debes dejar de poner excusas y dar el próximo paso. Aquí es cuando dices: «Dios, ya no voy a procrastinar más. Haré lo que me has dicho que haga».

La segunda cosa que debes hacer es soltar la seguridad. No podrás avanzar si te aferras al pasado.

Una buena imagen sobre soltar la seguridad es la de una trapecista que se balancea en una barra y tiene que soltarse para poder agarrar la siguiente barra y balancearse hacia el otro lado. Las barras están lo suficientemente separadas como para que no pueda sujetarse de ambas al mismo tiempo y, en algún momento, debe soltar la seguridad de la primera para volar en el aire por una fracción de segundo sin aferrarse a ninguna de las dos.

¿Alguna vez estuviste en un punto de tu carrera en el que dejaste un trabajo mientras buscabas otro, pero no había nada seguro en el medio? Es como estar a treinta metros en el aire sin una red de contención bajo tus pies. Pero si no sueltas tu vieja vida y te aferras a la visión de lo que Dios quiere para ti, te balancearás nuevamente hacia atrás, pero sin llegar completamente al otro lado. Te balancearás una y otra vez hasta que finalmente te detendrás, colgando allí con una sola salida posible: hacia abajo.

Como la trapecista, deberás decidir si vas a soltar tu seguridad para poder aferrarte a tu sueño.

La fase de la decisión no se trata de tomar decisiones rápidas, sino de tomar las decisiones *correctas*. Las decisiones rápidas son fáciles y por eso, en general, son erróneas. Tomar la decisión correcta requiere mucha sabiduría. Por eso quiero darte un plan bíblico, práctico y sencillo para tomar decisiones sabias. No importa si se trata de tu carrera, tu educación, tus relaciones personales, tus finanzas, tu salud, tus hijos o tu futuro, estos son principios que encontrarás en la Palabra

> **La fase de la decisión no se trata de tomar decisiones rápidas, sino de tomar las decisiones *correctas*.**

de Dios y que te pueden ayudar a tomar decisiones sabias. Cada uno de estos principios te llevará a una pregunta que a su vez te guiará hacia el sueño de Dios.

Principio 1: Ora y pide dirección

Antes de hacer cualquier cosa, pide a Dios que te dé su perspectiva. La Biblia dice: «*Si necesitan sabiduría, pídansela a nuestro generoso Dios, y él se las dará; no los reprenderá por pedirla*».[1] Si es el sueño que Dios tiene para ti, tiene sentido preguntarle cómo cumplirlo.

Proverbios 28:26 dice: «*Los que confían en su propia inteligencia son necios, pero el que camina con sabiduría está a salvo*».[2] ¿Alguna vez has tomado una decisión necia que en su momento pensaste que era la mejor decisión posible? Necesitas algo más que tu intuición o tu instinto. Necesitas una verdad absoluta sobre la cual basar tus decisiones. Necesitas la guía de Dios.

La Biblia dice: «*Alegre es el que encuentra sabiduría, el que adquiere entendimiento*».[3] Para hallar sabiduría, debes buscarla. Para obtener entendimiento, debes trabajar para lograrlo. ¿Cómo puedes buscar sabiduría y trabajar para obtener entendimiento?

Primero, lee la Palabra de Dios. Escudriña las Escrituras. Gran parte de la voluntad de Dios para tu vida puede encontrarse en la Biblia. ¿Qué ha dicho ya Dios que puede aplicarse a tu situación? Cuanto más conozcas la Palabra de Dios, mejor conocerás la mente de Dios.

Segundo, escucha la voz suave y apacible de Dios que susurra a tu corazón. La voz de Dios es una voz de paz. La Biblia dice: «*Y que la paz que viene de Cristo gobierne en sus corazones*».[4]

La realidad es que Dios quiere guiarte. Quiere ayudarte a tomar decisiones. Quiere que tengas éxito.

Por eso, pregúntate: «¿Qué tiene Dios para decirme sobre esta decisión?».

Principio 2: Analiza los hechos

No existe una contradicción entre la fe y los hechos. Es una decisión sabia analizar todo lo que puedas antes de tomar una decisión. Proverbios 13:16a dice: «*Las personas sabias piensan antes de actuar*».[5]

Antes de comenzar la Iglesia Saddleback, pasé seis meses explorando el condado de Orange. Analicé estudios y datos demográficos. Estudié los censos. Me comuniqué con los pastores del área. Hice entrevistas personales. Después de seis meses de análisis, decidí perseguir el sueño.

Alguien podría preguntar: «¿Por qué hiciste todo ese trabajo extra? ¿Por qué simplemente no caminaste por fe?». Porque la Biblia dice: «*Precipitarse a responder antes de escuchar los hechos es a la vez necio y vergonzoso*».[6]

La razón por la que muchos negocios nuevos fracasan es debido al entusiasmo infundado.

Alguien tiene una «gran idea» para comenzar un negocio, pero no analiza los hechos. Esa es la razón por la que también muchos matrimonios fracasan: el entusiasmo infundado. Piensan que están enamorados, pero no enfrentan los hechos. Su decisión se basa solo en sentimientos.

Entonces, ¿cuál es la solución? La solución es preguntar: «¿Qué debo saber antes de tomar esta decisión?». Y luego hacer lo que debas hacer para concretar los hechos.

Principio 3: Pide consejo

Habla con alguien que haya tomado una decisión similar. Habla también con amigos que conozcan tus fortalezas y tus debilidades. Busca el consejo sabio y el apoyo en oración de personas que conozcan la Palabra de Dios y que no tengan temor de decirte la verdad. Proverbios 24:6 dice que *«la victoria depende de que tengas muchos consejeros»*.[7]

También puedes buscar consejos sabios en la Biblia. Romanos 15:4a dice: *«Tales cosas se escribieron hace tiempo en las Escrituras para que nos sirvan de enseñanza»*.[8] De hecho, la Biblia está llena de historias de personas reales que aprendieron lecciones de vida increíbles —buenas y malas—. Por ejemplo, observa a Jonás. Él era alguien que conocía los planes de Dios, pero decidió huir de ellos. Y aunque Jonás cometió algunos errores, también hizo algunas cosas buenas. La buena noticia es que podemos aprender de las experiencias buenas y malas de la vida de Jonás.

> El problema es que, a menudo, preferimos *parecer* sabios a *ser* sabios.

Es sabio aprender de lo vivido, pero es aún más sabio aprender de las experiencias de otros. Yo no tengo tiempo para aprender todo mediante experiencias personales, no tengo tiempo para cometer todos los errores de la vida, y tú tampoco. Pero puedes aprender de los éxitos y fracasos de otros. Si eres sabio, no intentarás aprender todo de primera mano. Pedirás consejos y aprenderás de las experiencias de otros. Y créeme, esta manera es mucho menos dolorosa.

El problema es que, a menudo, preferimos *parecer* sabios a *ser* sabios. Pensamos que si pedimos un consejo pareceremos tontos. Pero la Biblia dice que las personas sabias piden consejos. La humildad y la sabiduría van de la mano. Si no pides consejos, entonces tienes un problema de ego. La Biblia dice: «*El corazón de ellos [de los arrogantes] es torpe y necio*».[9] Son necios porque no están dispuestos a dejarse enseñar.

Si no aprendes de otras personas, nunca podrás triunfar en la vida. Proverbios 20:18 dice: «*Con buenos consejos los planes tienen éxito; no entres en guerra sin consejos sabios*».[10]

Uno de los mejores lugares para aprender de otros y hallar soñadores piadosos es en tu iglesia local. Si no estás involucrado en una iglesia, puedes buscar una. Seguramente hay muchas buenas iglesias en tu área. Y si no encuentras, puedes unirte a una de manera virtual. El cristiano solitario no existe, necesitas una familia de la iglesia.

Así que, sé humilde y pregúntate: «¿Con quién puedo hablar para pedirle un consejo?».

Principio 4: Calcula el costo

Toda decisión tiene un precio. Te costará tiempo, dinero, energía, reputación, talento y recursos. Siempre se debe hacer una inversión. En

Proverbios 20:25, la Biblia dice: «*No te acorrales al hacer una promesa apresurada a Dios y calcular el costo después*».[11] Es peligroso decidir sin deliberar, prometer sin ponderar, comprometerse sin considerar primero el costo.

Si las personas te presionan para tomar una decisión, no está mal decir: «Te responderé en breve». Tomar la decisión *correcta* es más importante que tomar una decisión rápida —y la decisión correcta tiene que ser una decisión bien fundada—.

Esta es una ley de la vida: es más fácil entrar que salir. ¿Es más fácil contraer una deuda o saldarla? ¿Es más fácil establecer una relación o terminarla? ¿Es más fácil llenar tu agenda de tareas pendientes o realizarlas? Es así. Por esa razón, debes calcular el costo.

Jesús dijo: «*No comiences sin calcular el costo. Pues, ¿quién comenzaría a construir un edificio sin primero calcular el costo para ver si hay suficiente dinero para terminarlo? [...] ¿O qué rey entraría en guerra con otro rey sin primero sentarse con sus consejeros para evaluar si su ejército de diez mil puede vencer a los veinte mil soldados que marchan contra él?*».[12]

Toda decisión tiene un precio. Debes preguntarte: «¿Vale la pena?».

Principio 5: Prepárate para los problemas

Quizás recuerdes la ley de Murphy que dice que todo lo que pueda salir mal, *saldrá* mal. Los problemas son inevitables. ¡Son parte de la vida! El mismo Jesús dijo que *en el mundo tendremos muchas pruebas.*[13] No puedes ignorar los problemas, porque los problemas no te ignorarán. En cambio, debes estar preparado para cuando ellos surjan. La Biblia dice: «*El prudente se anticipa al peligro y toma precauciones*».[14]

En el proceso de preparación, espera lo mejor, pero prepárate para lo peor. Espera que Dios te guíe mientras vas tras su sueño, pero también prepárate para los problemas que puedan surgir. Toda buena idea tiene algo malo. Eso no significa que no debas llevarla a cabo, solo significa que debes estar prevenido y prepararte.

En Proverbios 27:12, el rey Salomón dijo lo mismo: «*El prudente se anticipa al peligro y toma precauciones. El simplón sigue adelante a ciegas y sufre las consecuencias»*.[15] La persona sabia sabe que toda toma de decisión presentará problemas y se prepara para afrontarlos.

Hay una gran diferencia entre prepararse para un problema y resolver un problema. Nunca confundas la toma de decisiones con la resolución de problemas. Son dos cosas completamente diferentes. Si tienes que resolver todos los problemas antes de tomar una decisión, entonces nunca llegarás a ningún lado. En la fase de la decisión de la fe, te preparas para los problemas, pero no intentas resolverlos todos de antemano.

> Nunca confundas la toma de decisiones con la resolución de problemas.

En 1961, cuando el presidente Kennedy anunció que los Estados Unidos de América enviaría a un hombre a la luna antes del final de la década, la tecnología necesaria para hacerlo todavía no existía. ¡Algunas de esas tecnologías todavía no estaban ni en los planes! La NASA calculó los riesgos y se preparó para los problemas, pero no resolvieron todos los problemas antes de tomar la decisión.

Cuando tomaron la decisión, recién ahí comenzaron a resolver los problemas.

Cuando mi esposa, Kay, y yo comenzamos la Iglesia Saddleback, no teníamos dinero ni miembros ni un lugar —pero no permitimos que eso nos detuviera—. Éramos conscientes de los problemas, pero no los resolvimos todos antes de comenzar.

La Biblia dice que «*el agricultor que espera el clima perfecto nunca siembra*».[16] El perfeccionismo es el enemigo del progreso. Produce procrastinación y paraliza el potencial. Afronta la verdad, querido amigo: nunca existirán las condiciones perfectas. Siempre habrá una razón para decir que no. Pero solo porque tengas una razón para decir que no, no significa que no sea el momento de decir que sí.

Si no existiese una razón para decir que no, entonces no habría necesidad de tener fe —y sin fe, es imposible agradar a Dios—. Cuando las necesidades surgen, Dios provee. Él quiere que dependas de él. No intentes resolver todos los problemas de antemano. Las respuestas surgirán cuando comiences a moverte.

Así que, pregúntate: «¿Qué podría salir mal?», y «¿Estaré listo si eso sucede?».

Principio 6: Afronta tus temores

El temor es la raíz de todas las indecisiones: el temor a cometer un error, a fallar, a pasar vergüenza, a comprometerte con algo que no puedas cumplir, a que alguien se ría de ti o te rechace, a que el sueño de Dios para tu vida nunca se cumpla. Siempre es el temor lo que evita que tomemos decisiones.

Y como no nos gusta admitir que tenemos temor, ponemos excusas:

- Abraham dijo: «Soy demasiado viejo».
- Moisés dijo: «No puedo hablar».
- Gedeón dijo: «No puedo pelear».
- Isaías dijo: «Soy demasiado pecador».
- Jeremías dijo: «Soy demasiado joven».

¿Cuál es tu excusa?

Dios tiene un sueño para tu vida. Quizás digas: «No tengo el tiempo, no tengo el dinero, no tengo la experiencia, no tengo la educación, no tengo los contactos, no tengo los recursos. Si tan solo estuviese casado. Si tan solo *no* estuviese casado. Si tan solo fuese más grande. Si tan solo fuese más joven». Es el temor el que impide que tomes la decisión que Dios quiere que tomes.

Dios siempre ha usado a personas imperfectas en situaciones imperfectas para lograr su voluntad perfecta. Si estás esperando que esa persona perfecta llegue a tu vida, tengo noticias para ti: no llegará. ¡Esa persona no existe! Si esperas por la situación perfecta, que las cosas simplemente estén bien o terminar algo antes de comprometer seriamente tu vida a Cristo, te digo que eso no sucederá. Los compromisos más importantes de la vida deben suceder en medio de las situaciones comunes de la vida. La vida no se detiene.

¿Cuál es el antídoto para el temor? La fe. Romanos 8:31b dice: «*Si Dios está a favor de nosotros, ¿quién podrá ponerse en nuestra contra?*».[17] Confía en Dios y comienza a caminar en dirección a tu sueño a pesar de los problemas, los temores o las dudas. El secreto para no quedarse estancado es afrontar el temor y hacer aquello que más temas.

Si Dios te ha dado un sueño y sabes que es su voluntad, entonces toma la decisión y afronta tu temor. ¡Observa cómo se abre el mar Rojo! ¡Observa cómo caen los muros! ¡Observa cómo se mueve la piedra que tapa la tumba! Observa a Dios realizar un milagro en tu vida.

Cuando no tengo la fe necesaria para hacer algo, igualmente actúo como si la tuviera. Y entonces, la fe viene. Un poquito de fe en un gran Dios nos da grandes resultados.

Por eso, pregúntate: «¿A qué le tengo temor?».

Toma la decisión

Tienes una decisión que tomar. La verdad es que no decidir nada *es* decidir. Tú eres la suma de todas tus elecciones. Tus elecciones definen tu carácter. Debes determinar a qué te comprometes y qué decisiones debes tomar. Dios no te obligará a tomar una decisión y tampoco la tomará por ti. Él te ha dado libertad para elegir.

Te imploro: ¡Por el amor de Jesús, haz algo maravilloso con tu vida! No desperdicies tu vida. No vivas en la mediocridad. No existas solamente. Toma las decisiones que determinarán tu destino.

CAPÍTULO 4

Persistiendo durante las *demoras*

Esta visión es para un tiempo futuro. Describe el fin, y este se cumplirá. Aunque parezca que se demora en llegar, espera con paciencia, porque sin lugar a dudas sucederá. No se tardará.

Habacuc 2:3

¿Estás estancado en la sala de espera de Dios?

Los sueños nunca se cumplen inmediatamente. ¿Alguna vez pensaste por qué Dios espera para responder tu oración? Si él te escucha y tiene el poder para responderte, ¿por qué demora? Casi siempre hay un período de espera cuando sigues a Dios en la fe.

- Noé esperó ciento veinte años desde el momento que comenzó a construir el arca hasta que comenzó el diluvio.
- Abraham esperó cien años hasta que nació Isaac, su hijo prometido.
- José pasó años en prisión esperando a que Dios cumpliera su destino.

- Daniel esperó setenta años para ver a su pueblo regresar a Jerusalén después de su cautividad en Babilonia.
- El mismo Jesús esperó treinta años en una carpintería antes de comenzar su ministerio.

Siempre hay una demora.

El ejemplo clásico de la demora es el de los hijos de Israel, a quienes Dios sacó de Egipto y luego vagaron por el desierto durante cuarenta años antes de finalmente entrar a la tierra prometida. El camino desde Egipto a Israel es de solo dos semanas, pero a ellos les llevó cuarenta años llegar allí. ¿Alguien podría decirme qué estaban haciendo exactamente? ¡Y Dios!... ¿Qué estaba haciendo Dios?

Esto es lo que la Biblia dice sobre su demora: «*Cuando por fin el faraón dejó salir a los israelitas, Dios no los guio por el camino principal que atraviesa el territorio filisteo, aunque esa era la ruta más corta a la Tierra Prometida. Dios dijo: "Si los israelitas llegaran a enfrentar una batalla, podrían cambiar de parecer y regresar a Egipto". Por eso*

Dios los hizo dar un rodeo por el camino del desierto, hacia el mar Rojo».[1]

El pueblo de Dios fue demorado como parte de un plan. Dios sabía que, si iban a la guerra, no serían capaces de vencer. Por eso, les hizo recorrer el largo camino al mar Rojo. Y luego, después de ese milagroso cruce por el mar Rojo, Dios los hizo vagar por el desierto durante cuarenta años.

¿Por qué causa Dios estas demoras? Por tres razones. A veces, Dios usa las demoras para protegernos *de* las dificultades. A veces, las usa para prepararnos *para* las dificultades. Y otras veces, las usa para ayudarnos a crecer *en medio de* las dificultades. La Biblia dice: *«Recuerda cómo el Señor tu Dios te guio por el desierto durante cuarenta años, [...] y te puso a prueba para revelar tu carácter y averiguar si en verdad obedecerías sus mandatos».*[2]

La manera en la que respondes a las demoras de Dios es una prueba de tu madurez. Dios te está haciendo crecer mientras esperas. Un hongo crece en tan solo seis horas. Un roble maduro puede necesitar unos sesenta años para crecer. ¿Qué quieres ser cuando crezcas? ¿Un hongo o un roble?

Santiago 1:4 dice: «*Así que dejen que crezca, pues una vez que su constancia se haya desarrollado plenamente, serán perfectos y completos, y no les faltará nada*».[3]

Hay cuatro cosas que no deberías hacer mientras aguardas en una de las salas de espera de Dios, porque solo prolongarán la demora: no temas, no te inquietes, no desmayes y no te olvides. Estas son actitudes de incredulidad.

No temas

Existen muchas razones para las demoras en nuestra vida, pero el temor es culpa nuestra. Dios guio a su pueblo hasta la orilla del río Jordán y dijo: «¡Allí está! ¡La tierra prometida! Ya pueden tomarla». Pero la Biblia dice que ellos no entraron, porque tuvieron temor de las personas que vivían ahí. Sufrieron una demora porque tuvieron miedo.

El temor a otras personas es uno de los más grandes obstáculos a vencer para cumplir el sueño de Dios. La Biblia dice: «*Temer a la gente es una trampa peligrosa, pero confiar en el SEÑOR significa seguridad*».[4] Los israelitas tuvieron la fe suficiente como para salir de Egipto, pero no tuvieron la fe suficiente como para entrar a la tierra prometida. Y por causa de su temor, quedaron atrapados en el desierto. Fueron demorados porque tuvieron temor, y Dios los hizo esperar cuarenta años más en el desierto.

¿Estás atrapado en el desierto a causa de tu temor a que otras personas te resistan? ¿Estás tan preocupado por sus opiniones que no puedes ocupar tu tierra prometida? El problema con el temor es que te mantiene en el desierto. El temor prolonga la demora. Quizás muchos de tus sueños nunca se cumplieron, no por culpa de Dios, sino por *tu* culpa, porque no diste el paso de fe. Tú piensas que estás esperando a Dios, pero es Dios quien te está esperando a ti.

El temor prolonga la demora.

Cuando sientas temor de ir tras el sueño que Dios te ha dado, debes concentrarte en su presencia, porque cuando él está contigo, no importa quién esté en tu contra (Romanos 8:31). Isaías 41:10 dice: «*No tengas miedo, porque yo estoy contigo; no te desalientes, porque yo soy tu Dios.*

Te daré fuerzas y te ayudaré; te sostendré con mi mano derecha victoriosa».[5] Dios no te ha olvidado. *Él ha prometido que nunca te fallará, que jamás te abandonará.*[6] Eso significa que siempre estará contigo. Él está contigo ahora mismo. Él te acompaña en tus días buenos y tus días malos. Está contigo cuando sientes su presencia y cuando no la sientes. Dios dice: «Yo siempre estaré contigo». Cuando Dios está cerca, no hay nada que temer. Así que, ¡no temas! En cambio, enfócate en la presencia de Dios. Él está contigo todo el tiempo.

Quizás te encuentres actualmente en medio de una demora. Has estado orando por algo, pero todavía no ha sucedido. Te preguntas si Dios te ha olvidado. Pero Dios no te ha olvidado y no estás solo. Esta demora ya estaba en los planes. Dios sabe por lo que estás pasando. Él quiere forjar tu carácter y quiere que aprendas a confiar en él. Puedes contar con la ayuda de Dios.

En la Biblia, hay 365 declaraciones que nos dicen «No temas». ¡Una para cada día del año! Dios quiere que entiendas el mensaje: «No temas». La respuesta a tu oración está llegando. Resiste.

No te inquietes

Estoy convencido de que en la sala de espera de Dios hay un cartel que dice: «No te inquietes y comienza a confiar». ¿No te alegra que Dios nos comprenda? Él conoce nuestra tendencia a preocuparnos. Él sabe que cuando las cosas demoran mucho, comenzamos a estresarnos y a quejarnos. Esto es lo que hicieron los israelitas.

«Luego el pueblo de Israel [...] se impacientó con tan larga jornada y comenzó a hablar contra Dios y Moisés: "¿Por qué nos sacaron de Egipto para morir aquí en el desierto? —se quejaron—. Aquí no hay nada para comer ni agua para beber. ¡Además, detestamos este horrible maná!"».[7]

La inquietud fue uno de los pecados que mantuvo a los israelitas fuera de la tierra prometida. Sin importar lo que Dios hiciera por el pueblo, ellos igualmente se preocupaban y se quejaban todo el tiempo. Se quejaron por el viaje, por la demora, por el liderazgo. Se quejaron porque no había agua, entonces Dios les dio agua. Se quejaron porque no había comida, entonces Dios les dio comida. ¡Pero entonces se quejaron por la comida que él les había dado! Como los israelitas, nos resulta muy fácil quejarnos cuando estamos obligados a esperar.

Sin embargo, la preocupación es una pérdida de tiempo. Es inquietarse, pero sin arreglar nada. Es estar ansioso, pero sin hacer nada. Preocuparse es como sentarse en una silla mecedora. Le dedicas mucha energía, pero no llegas a ningún lado. Solo te meces, hacia adelante y hacia atrás, como cuando piensas: «¿Debería hacerlo o no? ¿Él lo hará o no lo hará? ¿Ellos son o no son?». Te meces hacia adelante y atrás, pero no te mueves para ningún lado.

La Biblia dice: «*Quédate quieto en la presencia del Señor, y espera con paciencia a que él actúe. No te inquietes [...] ni te preocupes [...] que eso únicamente causa daño*».[8] Dios no quiere que te preocupes ni que te inquietes. Quiere que te mantengas en calma. La preocupación es una respuesta al temor, pero descansar es un acto de fe.

Puede resultar frustrante cuando nosotros estamos apurados pero Dios no —y Dios nunca está apurado—. Nunca llega tarde ni tampoco llega temprano. Siempre llega a tiempo. Dios no necesita tu ayuda para acelerar las cosas, pero sí necesita tu cooperación y él quiere que confíes en sus tiempos.

En Eclesiastés 3:11a, la Biblia dice: «*Dios lo hizo todo hermoso para el momento apropiado*».[9] ¡Los tiempos de Dios son perfectos!

Así que, en vez de preocuparnos, la Biblia dice: «*Piensen en cosas excelentes y dignas de alabanza. No dejen de poner en práctica todo lo que aprendieron y recibieron de mí, todo lo que oyeron de mis labios y vieron que hice. Entonces el Dios de paz estará con ustedes*».[10] Cuando dediques un tiempo a pensar en las cosas que Dios ama, podrás experimentar su paz.

No desmayes

Cuando experimentes demoras, no te desanimes. No te des por vencido ni renuncies a tu sueño. Más bien, espera en Dios. Isaías 40:31 dice: «*En cambio, los que confían en el Señor encontrarán nuevas fuerzas; volarán alto, como con alas de águila. Correrán y no se cansarán; caminarán y no desmayarán*».[11] ¿Quiénes son los que no desmayarán? Son aquellos que esperan en el Señor.

Esta es la tercera cuestión que mantuvo a los israelitas fuera de la tierra prometida: no esperaron en el Señor para encontrar fuerzas. La Biblia dice: «*Sus voces se elevaron en una gran protesta contra Moisés* [...]: *"¡Si tan solo hubiéramos muerto en Egipto!"* [...]. *"¡Escojamos a un nuevo líder y regresemos a Egipto!"*».[12] Nada agota tu fuerza más rápido que gruñir y quejarte.

«Si tan solo» y «regresemos» son señales indicadoras de desánimo: «Si tan solo me hubiese quedado donde estaba. Si hubiese hecho *esto* o *aquello*». Cuando miramos atrás, comenzamos a dudar de nosotros: «Quizás no escuché a Dios realmente. Quizás lo inventé. Tal vez Dios no está escuchando. A lo mejor no le importa». Y luego comenzamos a idealizar el pasado: «Regresemos a Egipto, a los buenos viejos tiempos». El problema con los buenos viejos tiempos es que en realidad no fueron tan buenos. Muchas veces, lo único bueno sobre ellos es que quedaron en el pasado. Por lo general, recordamos los buenos viejos tiempos mejor de lo que en realidad fueron. Nos olvidamos fácilmente de las viejas dificultades cuando estamos enfrentando nuevos desafíos.

Los israelitas habían sido esclavos en Egipto durante cuatrocientos años, y ahora querían regresar allí. Algunas personas prefieren vivir en la esclavitud de su pasado a enfrentar el temor a la libertad. No están dispuestos a esforzarse y trabajar para resolver el problema. Quieren rendirse y regresar. Se conforman con la mediocridad en sus vidas. Se conforman con menos y no con lo mejor que Dios tiene para ellos.

En vez de desmayar o renunciar, sé persistente y ora. Dios le dijo a Josué que marchara alrededor de las murallas de Jericó y que las murallas caerían. Pero esto no sucedió en el primer intento. Los israelitas tuvieron que marchar alrededor de la ciudad durante siete días seguidos, y el séptimo día tuvieron que marchar siete veces más. ¿Cuál fue la razón de la demora? ¿Por qué las murallas no cayeron la primera vez? Dios estaba enseñándole a su pueblo a ser persistente y a orar.

La Biblia dice: «*Así que no nos cansemos de hacer el bien. A su debido tiempo, cosecharemos numerosas bendiciones [...]*».[13]

Entre la siembra y la cosecha siempre hay una demora. Tú plantas durante una temporada y cosechas

> Entre la siembra y la cosecha siempre hay una demora.

en otra. Dios quiere ver si continuarás cultivando, plantando y sembrando mientras esperas a que el sueño dé frutos. Quiere ver si estás comprometido. Si Dios ve consistencia en tu vida, entonces vendrá la cosecha, pero no vendrá inmediatamente. ¿Por qué? Porque si no hay demora, entonces no habrá desarrollo de tu carácter ni incremento de tu fe.

Jesús nos dijo que *siempre debemos orar y nunca darnos por vencidos*.[14] Orar siempre y no darte por vencido son dos opciones que tienes en tu vida. O haces una o haces la otra. Si oras con continuidad, no te darás por vencido; pero si no lo haces, desfallecerás. Tienes que orar pidiendo persistencia, y persistir en la oración.

En esta tercera fase, la de la demora, siempre tienes que hacer una elección: «¿Entraré en pánico u oraré?». Orar diciendo: «Señor, ayúdame a aferrarme y a no darme por vencido», te ayudará a no temer, a no inquietarte y a no desmayar.

No olvides

Cuanto mayor es la demora, menor es nuestra memoria. Cuando hay una demora, tendemos a olvidar nuestro sueño. Nos olvidamos de la bondad que Dios nos mostró en el pasado. Nos olvidamos que Dios está con nosotros. Nos olvidamos del poder de Dios. Comenzamos a focalizarnos en todos nuestros problemas en vez de hacerlo en lo que Dios ha hecho por nosotros.

Este fue el cuarto error que los israelitas cometieron en el desierto. La Biblia nos dice: «*Pronto olvidaron sus muchos actos de bondad hacia ellos; en cambio, se rebelaron contra él en el mar Rojo. Aun así, él los salvó: para defender el honor de su nombre y para demostrar su gran poder*».[15] Observen que este pasaje dice que se olvidaron de los «muchos actos de bondad» con los que Dios los había bendecido.

Es increíble qué poca memoria tuvieron. Dios había enviado las diez plagas a Egipto para asegurar la libertad de los israelitas, pero ellos se olvidaron de todo eso tan solo unos días después, cuando pensaron que morirían en el mar Rojo. Luego, Dios abrió las aguas del mar Rojo de una forma maravillosa y ellos pudieron cruzar sobre tierra seca, pero se olvidaron de eso tan solo unos días después, cuando pensaron que morirían de sed. Luego,

Dios les proveyó agua en medio del desierto de una manera milagrosa, pero se olvidaron de todo eso tan solo unos días después, cuando pensaron que morirían de hambre. Se olvidaban constantemente de lo que Dios había hecho por ellos.

No deberíamos juzgar a los israelitas tan rápidamente, porque nosotros hacemos lo mismo. Cuando sucede una demora, comenzamos a actuar como si Dios nunca hubiese hecho nada por nosotros. ¿Ha hecho Dios cosas buenas por ti en el pasado? Desde luego que sí. Y puedes estar seguro de que las hará nuevamente. Pero cuando actúas como si Dios no fuera a rescatarte de un nuevo problema, estás olvidando todas las otras veces en las que él te rescató.

El salmo 103:2 dice: «*Que todo lo que soy alabe al Señor; que nunca olvide todas las cosas buenas que hace por mí*».[16] ¿Qué has olvidado sobre la bondad de Dios? ¿Cómo te ha ayudado en el pasado? Antes de avanzar al siguiente capítulo de este libro, quiero que tomes una hoja de papel y escribas todo lo que Dios ya ha hecho por ti. Piensa en lo siguiente: ¿qué oraciones ha respondido?, ¿qué necesidades ha cubierto?, ¿qué dificultades te ha ayudado a superar? Escríbelas. Te garantizo que estas respuestas edificarán tu fe para vencer cualquier adversidad que estés enfrentando hoy.

En la espera

Si crees que Dios está demorando mucho para cumplir tu sueño, recuerda que la Biblia dice: «*No es que el Señor sea lento para cumplir su promesa, [...] es paciente por amor a ustedes [...]*».[17] Ciertamente, Dios puede hacer cosas de inmediato, pero él está trabajando en un plan más amplio. Él quiere que aprendas una lección antes de darte la solución. Quiere que te desarrolles antes de que él te libere.

Quizás piensas que estás listo, pero Dios sabe que no es así. La espera te ayuda a no adelantarte a Dios. La espera te enseña a confiar en él. Te enseña que sus tiempos son perfectos y que no eres tú quien está en control.

Dios nunca está apurado. Las demoras que llegan a tu vida no frustrarán el propósito de Dios, sino que *cumplen* el propósito de Dios. Te hacen una mejor persona y te ayudan a ser más como Jesucristo.

¿Qué has estado esperando que Dios haga? ¿Estás esperando que solucione algún problema o que responda una oración? ¿Esperas que abra un camino en un lugar donde parece imposible que haya uno —financiera, física, relacional o profesionalmente—? Tal vez has estado esperando que Dios te traiga a la persona adecuada. Quizás has estado esperando que Dios convierta una crisis en una victoria. Dios no te ha olvidado. Una demora no es una negación.

> **Una demora no es una negación.**

Entre «No» y «Todavía no» hay una gran diferencia. Muchas veces, cuando Dios dice «Todavía no», nosotros pensamos que él está diciendo «No». Esta es la razón por la que la duda es la reacción más común en la fase de la demora. Comenzamos a pensar: «Quizás perdí la visión de Dios. Tal vez Dios cambió de opinión. Quizás hice algo mal». Pero, repito, una demora no es una negación. Una demora nunca destruirá el propósito de Dios para tu vida.

La Biblia dice: «*Esta visión es para un tiempo futuro. Describe el fin, y este se cumplirá. Aunque parezca que se demora en llegar, espera con paciencia, porque sin lugar a dudas sucederá. No se tardará».*[18]

Dios cumplirá su propósito en tu vida si no temes, si no te inquietas y si no te das por vencido.

CAPÍTULO 5

Lidiando con las
dificultades

Aquí en el mundo tendrán muchas
pruebas y tristezas; pero anímense,
porque yo he vencido al mundo.

Juan 16:33

Cada prueba es un maestro. Cada tormenta es una escuela. Cada experiencia es un aprendizaje. Cada dificultad está allí para tu desarrollo.

Repasemos las fases de la fe que hemos visto hasta ahora. En la primera fase, Dios te da un sueño de lo que él quiere hacer con tu vida. En la segunda fase, tú decides cumplir ese sueño. Con la tercera fase, llega la inevitable demora. Y, justo cuando pensabas que ya no podías esperar más, te encuentras con la cuarta fase: la dificultad.

Jesús nos avisó que esto sucedería. En Juan 16:33, dijo: «*Aquí en el mundo tendrán muchas pruebas y tristezas; pero anímense, porque yo he vencido al mundo*».[1] Las pruebas son parte de la vida. La pregunta no es si tendrás dificultades, sino cómo responderás a ellas. Tu respuesta revelará tu madurez emocional y espiritual.

Pocas personas han enfrentado las dificultades que el apóstol Pablo tuvo que atravesar. Esto es lo que él dijo sobre sus pruebas:

He trabajado con más esfuerzo, me han encarcelado más seguido, fui azotado innumerables veces y enfrenté la muerte en repetidas ocasiones. En cinco ocasiones distintas, los líderes judíos me dieron treinta y nueve latigazos. Tres veces me azotaron con varas. Una vez fui apedreado. Tres veces sufrí naufragios. Una vez pasé toda una noche y el día siguiente a la deriva en el mar. He estado en muchos viajes muy largos. Enfrenté peligros de ríos y de ladrones. Enfrenté peligros de parte de mi propio pueblo, los judíos, y también de los gentiles. Enfrenté peligros en ciudades, en desiertos y en mares. Y enfrenté peligros de hombres que afirman ser creyentes, pero no lo son. He trabajado con esfuerzo y por largas horas y soporté muchas noches sin dormir. He tenido hambre y sed, y a menudo me he quedado sin nada que comer. He temblado de frío, sin tener ropa suficiente para mantenerme abrigado. Además de todo eso, a diario llevo la carga de mi preocupación por todas las iglesias.[2]

A pesar de todas las pruebas que Pablo tuvo que superar durante su ministerio, nunca renunció al sueño de Dios para su vida. Él tuvo una perspectiva mucho más amplia. Pablo escribió: «*Es por esto que nunca nos damos por vencidos. Aunque nuestro cuerpo está muriéndose, nuestro espíritu va renovándose cada día*».[3] Y en 2 Corintios 6:4, continúa diciendo: «*En todo lo que hacemos, demostramos que somos verdaderos ministros de Dios. Con paciencia soportamos dificultades y privaciones y calamidades de toda índole*».[4] La resiliencia paciente es la clave para el éxito.

Hechos 27 describe una de las mayores dificultades en la vida de Pablo. Pablo estaba siendo llevado en barco a Roma como prisionero y les advirtió al capitán y a la tripulación que no zarparan porque Dios le había dicho que vendría una gran tormenta. El capitán se impacientó y decidió salir de cualquier forma, así que zarparon directo hacia la catástrofe.

Al decidir zarpar, la tripulación cometió tres errores comunes. Son los mismos errores que tú y yo cometemos y que a menudo nos causan problemas.

Primero, prestaron atención a los malos consejos. Hechos 27:11 dice: «*Pero el oficial a cargo de los prisioneros les hizo más caso al capitán y al dueño del barco que a Pablo*».[5] Dios ya les había dicho que no debían zarpar, pero decidieron hacerlo porque el «experto» les había dicho que era seguro hacerlo. Hay muchos expertos en el mundo. Los puedes ver en cualquier programa de debate o en las noticias. Pero si Dios te dice que hagas algo y todos los expertos en el mundo contradicen su palabra, no los escuches. Escucha lo que Dios dice.

El segundo error de la tripulación fue seguir a la multitud. Cedieron a la presión del grupo. En el barco había doscientas setenta y seis personas. El versículo 12 dice que «*la mayoría de la tripulación quería seguir*».[6] Una frase que escucharás comúnmente es: «¡Pero si todos lo hacen!». ¿Y qué? A menudo, la mayoría está equivocada. Los leminos son roedores pequeños conocidos porque se siguen unos a otros por los acantilados y terminan ahogados en el océano. Se sabe que hay manadas enteras de ballenas que se encallan solas. Si todo el mundo lo hace, quizás es porque nadie está razonando. Si Dios dice que no, o te dice que vayas por otro camino, esa es la única voz que debes seguir.

Su tercer error fue confiar en las circunstancias. El versículo 13 dice: «*Cuando un viento suave comenzó a soplar desde el sur, los marineros pensaron que podrían llegar a salvo*».[7] La tripulación pensaba que era un buen día para navegar, pero las circunstancias no siempre son lo que parecen. Aunque parecía un buen día para navegar por el océano, Dios ya había dicho que no —y pronto se dirigieron directo a una tormenta—.

No deberías abrir todas las puertas que veas. No deberías aprovechar todas las oportunidades que te surjan. No deberías aceptar todas las ofertas de trabajo que recibas. No deberías salir con todas las personas que te inviten a una cita. Ante cada oportunidad, debes preguntarte si es lo que Dios quiere.

> **Ante cada oportunidad, debes preguntarte si es lo que Dios quiere.**

¿Alguna vez has estado en un naufragio? Quizás hayas experimentado un naufragio emocional o alguna relación pasada haya naufragado. ¿Has sufrido algún naufragio en tus finanzas, tu carrera o tu salud? ¿Qué deberías hacer al enfrentar ese tipo de dificultades?

En Hechos 27, aprendemos tres cosas que debemos hacer cuando lidiamos con la dificultad: determinar la razón, determinar el resultado y determinar nuestra respuesta.

Determina la razón

Pregunta: «¿Qué causó esta prueba?».

Solo cuatro causas pueden provocar una dificultad en nuestras vidas. La primera somos *nosotros*, esto significa que debemos reconocer: «Soy la principal causa de mis pruebas». Sé que nos resulta difícil admitirlo, pero es cierto que nosotros nos ocasionamos la mayoría de nuestros problemas. La segunda causa son las otras personas. La tercera causa es el diablo. Y la cuarta causa es Dios. Es así, Dios puede causar dificultad en nuestras vidas. Él permite que los problemas lleguen a nuestras vidas para obtener nuestra atención, para probarnos y para moldear nuestro carácter.

El tipo de problema más difícil de enfrentar es cuando eres una víctima inocente. No eres responsable de todos los naufragios en tu vida. A veces, solo estás en el lugar incorrecto en el momento equivocado. Pablo era un prisionero; no tenía ninguna elección. Tuvo que sufrir ese naufragio por las malas decisiones de otras personas.

Cuando estás pasando un momento difícil, ¿cómo sabes cuál es la causa? Debes orar al respecto y pedirle al Señor que te muestre. La Biblia dice: «*Traté de entender por qué los malvados prosperan, ¡pero qué tarea tan difícil! Entonces entré en tu santuario, oh Dios* [...]».[8] Cuando adoras a Dios, él lleva claridad a tu vida. Te abre los ojos para que puedas ver las cosas como él las ve.

Por eso, primero determina la razón y pregunta: «¿Qué causó este problema? ¿Fui yo? ¿Fueron otras personas? ¿Fue el diablo? ¿O fue Dios?».

Determina el resultado

Pregunta: «¿Qué quiere Dios que aprenda de esta dificultad?».

En Romanos 5:3-4, Pablo escribió: «*También nos alegramos al enfrentar pruebas y dificultades porque sabemos que nos ayudan a desarrollar resistencia. Y la resistencia desarrolla firmeza de carácter, y el carácter fortalece nuestra esperanza segura de salvación*».[9] Dios quiere utilizar las pruebas para enseñarte. Quiere que desarrolles tu carácter mediante las crisis.

El problema es que muchos de nosotros aprendemos lento. Generalmente, no entendemos la lección la primera vez, por eso Dios nos permite experimentar las mismas dificultades una y otra vez. Lo hace porque está más interesado en tu carácter que en tu comodidad. Dios está más interesado en hacerte más como Cristo que en facilitarte las cosas.

Quizás estés enfrentando una gran dificultad en este momento o, tal vez, un naufragio: puede ser una enfermedad, un temor, un problema financiero o una tensión en una relación. ¿Qué resultado está buscando Dios? ¿Qué crees que está tratando de enseñarte? Como dijo Pablo, Dios quiere que desarrolles fortaleza de carácter y quiere que aprendas a confiar en él. Dios no quiere que renuncies a tu sueño, quiere que crezcas y seas cada vez más como Jesucristo.

Determina tu respuesta

Pregunta: «¿Cómo debería responder a mi prueba?».

La vida no es justa y a veces duele —es una realidad—. Pero cómo respondemos depende exclusivamente de nosotros. Estaremos mejor o nos sentiremos más amargados. Creceremos o nos rendiremos. Seremos lo que Dios quiere que seamos o nos deterioraremos y nuestros corazones se endurecerán. Es nuestra elección.

Lo que te sucede *a ti* no es ni remotamente tan importante como lo que sucede *en* ti. ¿Por qué? Porque lo que te sucede a ti es temporal, pero lo que

> Lo que te sucede *a* ti no es ni remotamente tan importante como lo que sucede *en* ti.

sucede en ti es eterno. Todo se centra en tu carácter, porque tu carácter es lo único que te llevarás a la eternidad.

¿Cómo tendrías que responder cuando te enfrentas a las dificultades? La historia de Pablo en Hechos 27 nos enseña tres cosas que no deberíamos hacer y tres cosas que sí deberíamos hacer cuando nos encontramos en medio de las tormentas de la vida. Estas son las tres cosas que *no* deberíamos hacer.

No te dejes llevar

Hechos 27:15 dice: «*Los marineros no pudieron girar el barco para hacerle frente al viento, así que se dieron por vencidos y se dejaron llevar por la tormenta*».[10] El barco estaba en medio del mar Mediterráneo. Los marineros no habían visto el sol ni las estrellas durante catorce días y, como no podían orientarse, no sabían dónde estaban. Así que renunciaron a la esperanza de alcanzar su destino y solo se dejaron llevar.

Eso es lo que le sucede a la gente que pierde de vista su objetivo, su propósito, su sueño para su vida: van a la deriva en un mar de incertidumbre.

Solo se dejan llevar por la corriente. Ya no llamamos a esto «dejarse llevar» sino «ir en punto muerto». El problema con ir en punto muerto es que solo tomas velocidad cuando vas cuesta abajo.

No pierdas de vista tu sueño cuando enfrentes dificultades en tu vida. Mantente enfocado en tu meta y en lo que Dios te está enseñando, y recuerda que él no permitirá que persigas tu sueño solo.

No aligeres la carga

Hechos 27:18 cuenta que «*la tripulación comenzó a echar la carga por la borda*».[11] El viento y las olas los azotaban tan fuerte que la tripulación comenzó a arrojar cosas por la borda para aligerar el barco. Primero, se deshicieron de la carga; después, de parte de los equipos del barco; y, finalmente, del grano. Desecharon cosas que necesitaban porque la tormenta era muy fuerte; sin embargo, esto no hizo menguar el temporal.

Esta es una reacción común ante la dificultad. Cuando surge la presión y el estrés es insoportable, comenzamos a soltar cosas realmente valiosas para nosotros. Decimos: «Me rindo, ya no puedo luchar por mi familia. Voy a renunciar a esta empresa. Abandonaré mi sueño». Comenzamos a echar por la borda cosas que no deberíamos desechar. Comprometemos nuestros valores, nos olvidamos de nuestra herencia y renunciamos a algunas relaciones.

Algunos de los marineros intentaron abandonar el barco. Pero en Hechos 27:31, Pablo le dijo al centurión: «*Todos ustedes morirán a menos que los marineros se queden a bordo*».[12] Así que los marineros cortaron las cuerdas del bote salvavidas y lo dejaron a la deriva. Como no había ningún otro medio de escape, todos estaban obligados a quedarse en el barco. Dios no les permitiría escapar. Tenían que atravesar la tormenta.

¿Has hecho algo así en tu matrimonio? ¿Has soltado los botes salvavidas para que ya no haya otra salida? ¿Has dicho: «El divorcio no es una opción para nosotros, vamos a hacer que este matrimonio funcione»? Si no lo has hecho, a menudo tendrás ganas de saltar del barco.

Si no cortas las cuerdas de los botes salvavidas, nunca desarrollarás el carácter que Dios quiere que tengas. Es siempre más fácil poner excusas que desarrollar el carácter. Dios puede cambiar situaciones y personalidades. ¡Hasta puede cambiarte a ti! Pero no lo hará si siempre estás huyendo. Dios dice: «Quédate en el barco». No eches por la borda los valores que tú sabes que son correctos e importantes.

No desesperes

Hechos 27:20 dice: «*La gran tempestad rugió durante muchos días, ocultó el sol y las estrellas, hasta que al final se perdió toda esperanza*».[13] La esperanza siempre es lo último que se pierde. Pablo y la tripulación habían estado en total oscuridad durante catorce días. No sabían hacia dónde se dirigían. Fuerzas incontrolables los habían sacudido. Habían echado por la borda su carga, sus equipos y su comida. Finalmente, perdieron toda esperanza.

Pero se habían olvidado de algo: incluso en medio de la tormenta, Dios está en control. Él no los había abandonado —y tampoco te ha abandonado a ti—. No desesperes. Quizás no sientas su presencia, pero él está allí contigo en medio de tu tormenta. Él te ayudará a atravesarla. Dios te está poniendo a prueba para ver si confiarás en él.

Ante todas las dificultades que enfrentó, el apóstol Pablo tuvo la perspectiva correcta. Él dijo: «*Es por esto que nunca nos damos por vencidos. Aunque nuestro cuerpo está muriéndose, nuestro espíritu va renovándose cada día. Pues nuestras dificultades actuales son pequeñas y no durarán mucho tiempo. Sin embargo, ¡nos producen una gloria que durará para siempre y que es de mucho más peso que las dificultades!*».[14] Después de todo lo que vivió, después de todo lo que sufrió, Pablo sabía que, comparado con la gloria que lo esperaba en el cielo, esto era todo «pequeño y no duraría mucho». Su fe era inquebrantable. Él sabía que los problemas no perduran, sino que pasan.

> Los problemas no perduran, sino que pasan.

Entonces, ¿cuál es la respuesta correcta ante la dificultad? Estas son tres cosas que *deberías* hacer.

Confiesa tu parte

Si tú te provocaste el problema, admítelo. Deja de culpar a otras personas. Deja de inventar excusas. Si tienes un problema con una adicción, admítelo. Si tienes un problema con tu temperamento o tu lengua, admítelo. Si tienes un problema con lo que gastas, admítelo. Jesús dijo que *cuando conozcas la verdad, esta te hará libre.*[15] Pero será solo la verdad que conozcas y enfrentes la que te hará libre.

¿Qué es aquello que simulas que no es un problema, pero que te impide cumplir tu sueño? La Biblia dice: «*Los que encubren sus pecados no prosperarán, pero si los confiesan y los abandonan, recibirán misericordia*».[16] ¿Quieres otra oportunidad? Entonces confiesa tu parte en el problema y acepta la responsabilidad.

Afróntala

La única manera de lidiar con una tormenta es afrontándola. No huyas de ella. No intentes evadirla, esquivarla o pasarle por el costado. Debes confrontarla. Nunca resolverás un problema si lo ignoras.

Dios no te hará esquivar la tormenta, él te ayudará a *atravesarla*. Si intentas tomar un camino lateral, volcarás. Dios quiere que afrontes la tormenta y que no le temas. Afronta el conflicto en tu relación. Afronta el conflicto con tu salud. Afronta el conflicto con tu trabajo. Nunca podrás reconocer el milagro hasta que reconozcas la imposibilidad. Dios nunca dijo que sería fácil, pero él promete que estará contigo. ¡Vas a lograrlo!

Reclama una promesa

Cuando enfrentes un problema, busca una promesa. En la Biblia hay más de siete mil promesas que puedes reclamar cuando estés atravesando momentos difíciles. Podrás vencer el desánimo cuando dejes de enfocarte en aquello que podría salir mal y comiences a enfocarte en las promesas de Dios.

En medio de la tormenta, todos estaban preocupados excepto Pablo. ¿Por qué Pablo no estaba preocupado? Porque su confianza estaba en Dios, no en el barco. Pablo se aferraba a la promesa de Dios. En Hechos 27:25, Pablo dijo: «*Así que, ¡anímense! Pues yo le creo a Dios. Sucederá tal como él lo dijo*».[17] Pablo sabía que Dios cumpliría sus promesas. Dios no había dicho que el barco no naufragaría. Por el contrario, Dios había dicho que se partiría, pero, también, que los hombres sobrevivirían —y así fue, algunos nadaron hasta la costa y otros flotaron sobre fragmentos del barco—.

Quizás estés atravesando una tormenta en este momento. Tu barco puede naufragar, puedes perder la casa, el auto o tu trabajo. Dios nunca prometió que mantendría todas tus comodidades a tu alrededor, pero sí dijo que lo lograrías. Quizás debas bracear hasta la orilla o quizás tengas que llegar a la costa sobre un fragmento del barco, pero vas a lograrlo.

Ninguno de nosotros tiene una vida completamente plena, todos somos personas quebrantadas. Quizás tengas el corazón roto o tu hogar esté quebrantado, pero si te aferras a las promesas de Dios podrás lograrlo.

No te rindas

¿Una tormenta amenaza tu barco? ¿Te sientes golpeado y azotado? ¿Te sientes como ese barco en el Mediterráneo, perdido en la oscuridad y a punto de naufragar? ¿Las dificultades demoran el sueño? Estás en la fase cuatro. No te rindas. ¡Levanta la mirada! No sientas miedo ni ansiedad. No te dejes llevar ni renuncies a tu sueño. No eches por la borda los valores y las relaciones que tú sabes que son importantes. No te deshagas de tus conviccio-nes. No desesperes y no te sueltes de la mano de Dios, *porque él ha prometido que nunca te fallará, que jamás te abandonará.*[18]

No te dejes llevar, no eches nada por la borda, no desesperes y nunca jamás pierdas la espe-ranza. El propósito de Dios es más grande que tus problemas.

CAPÍTULO 6

Afrontando los callejones

sin salida

«Lo que es imposible para los seres humanos es posible para Dios».

Lucas 18:27

Cáncer. Divorcio. Embargo. Bancarrota. Infertilidad. Desempleo. Estos son callejones sin salida —palabras individuales que suenan más como un veredicto—. Infunden temor y desesperanza y pueden reducir un sueño a cenizas.

¿Cómo respondes cuando tu sueño se convierte en una pesadilla? ¿Qué haces cuando la vida está fuera de control? ¿Dudas del amor y de la sabiduría de Dios? ¿Cuestionas su carácter? ¿Te preguntas si él es una especie de bromista cruel que te da un sueño solo para luego aplastarlo? Si te sucede esto es porque has llegado a la quinta fase de la fe: la fase del callejón sin salida.

En la fase del callejón sin salida, comienzas a preguntarte: «¿Qué sucede, Dios? ¿Acaso no entendí tu voluntad? ¿Comprendí mal tu visión? ¿Es esto algo que se me ocurrió a mí?».

El callejón sin salida de Moisés

El mejor ejemplo de un callejón sin salida es cuando Moisés guio a los israelitas fuera de Egipto. Finalmente, después de que Dios enviara las diez plagas para castigar a los egipcios por retener a su pueblo como esclavos, el faraón dijo: «*¡Lárguense!* [...] *¡Y llévense a todos los demás israelitas con ustedes!*».[1] Pero poco tiempo después, el faraón cambió de opinión y envió a su ejército a perseguir a los israelitas con el fin de traerlos de regreso.

Los israelitas estaban atrapados frente al mar Rojo, con montañas a cada lado, el mar frente a ellos y el ejército enemigo que se cernía sobre ellos. No tenían salida —y es exactamente donde Dios los quería—.

La Biblia dice que el pueblo estaba aterrorizado y que se quejaban diciendo que debían haber permanecido como esclavos en Egipto en vez de morir en el mar Rojo. Aún hoy, algunas personas preferirían vivir en esclavitud antes que arriesgarse a la libertad. Soportan una mala situación, que no es la voluntad de Dios, en vez de buscar el plan de Dios y confiar en él para que obre un milagro.

Quizás sientas que tu enemigo, Satanás, te persigue con el fin de arrastrarte nuevamente a la adicción o a los viejos hábitos que te esclavizaban, y te susurra al oído: «Te lo dije, nunca serás libre. Tu vida nunca valdrá nada. Tu *sueño* es solo una alucinación. ¿Quién te crees que eres?».

Pero «¿Quién te crees que eres?» no es la pregunta correcta. La pregunta correcta es: «¿Quién crees que Dios es?».

¿Por qué estaban los israelitas en el mar Rojo? Porque Dios los había guiado hasta allí —y lo había hecho con un propósito—. Aunque el pueblo pensaba que habían sido condenados, Dios tenía una sorpresa para ellos. Él estaba por demostrar su poder como nunca antes lo había hecho.

Moisés dijo: «*No tengan miedo. Solo quédense quietos y observen cómo el Señor los rescatará hoy. Esos egipcios que ahora ven, jamás volverán a verlos. El Señor mismo peleará por ustedes. Solo quédense tranquilos*».[2]

¿Te sientes acorralado? ¿Te arrepientes de haber dado un paso en pos del sueño de Dios? ¿Las probabilidades están en tu contra? Entonces es momento de ponerse firme y buscar la protección y provisión de Dios —incluso cuando no podamos verlas—. La Biblia dice: «*A menos que ustedes tengan una fe firme, no puedo hacer que permanezcan firmes*».[3]

Los israelitas estaban en un callejón sin salida, pero la liberación estaba por llegar.

El callejón sin salida de Abraham

Abraham también llegó a la quinta fase de la fe. Dios le había dado el sueño de ser el padre de una gran nación. A sus noventa y nueve años, Abraham y su esposa Sara, que era estéril, todavía no tenían hijos, pero a sus ciento un años sucedió el milagro y nació Isaac, su hijo prometido. Sin embargo, en Génesis 22, Dios le pide a Abraham que le entregue a su hijo, y le indica: «*Toma a tu hijo, tu único hijo —sí, a Isaac, a quien tanto amas— y vete a la tierra de Moriah. Allí lo sacrificarás como ofrenda quemada sobre uno de los montes, uno que yo te mostraré*».[4]

Lo que Dios le pidió hacer a Abraham puede ser desconcertante, pero Dios lo estaba poniendo a prueba. Parecía que el sueño para el futuro de Abraham estaba por desaparecer. Abraham había llegado a un callejón sin salida. Pero siguió adelante con lo que Dios le había indicado, sabiendo que él proveería una salida. La Biblia nos dice que *«Abraham llegó a la conclusión de que si Isaac moría, Dios tenía el poder para volverlo a la vida»*.[5]

Quizás hoy te encuentres en un callejón sin salida. Tal vez te preguntes: «¿Por qué me sucede esto?». Es porque Dios te está preparando para la sexta fase, la fase de la liberación de la fe. Dios te está preparando para un milagro. Cuanto más difícil sea tu situación, más desesperante sea tu circunstancia, más imposibles parezcan las cosas, tanto más te está preparando Dios para una liberación aún mayor.

¿Qué deberías hacer cuando te encuentres ante un callejón sin salida a la espera de la liberación? En Romanos 4, Pablo nos enseña cuatro lecciones que podemos aprender de Abraham mientras él esperaba la liberación.

Recuerda lo que Dios puede hacer

La situación puede estar fuera de control, pero no está fuera del control de Dios. Cuando afrontes un callejón sin salida, no te concentres en lo que *no* puedes hacer, sino en lo que Dios *puede* hacer. La Biblia dice: «*Eso sucedió porque Abraham creyó en el Dios que da vida a los muertos y crea cosas nuevas de la nada*».[6]

> Cuando afrontes un callejón sin salida, no te concentres en lo que *no* puedes hacer, sino en lo que Dios *puede* hacer.

Solo Dios puede resucitar a los muertos. Solo Dios puede crear algo de la nada. Esa es la definición de un milagro. Si Dios puede darle vida a un ser humano muerto, entonces también puede darle vida a una carrera muerta, a un matrimonio muerto, a un sueño muerto. Él puede atravesar un callejón financiero sin salida; puede encontrar una salida donde no la hay. Dios no necesita nada, él puede crear algo de la nada.

Observa nuevamente Romanos 4:17: «*Abraham creyó en el Dios que da vida a los muertos*». Abraham no creía solo en un pensamiento positivo. El pensamiento positivo es algo bueno (después de todo, ¿qué otra alternativa tenemos?), pero el pensamiento positivo no es fe. El pensamiento positivo funciona en situaciones que puedes controlar, pero cuando enfrentas circunstancias fuera de tu control, necesitas más que una actitud positiva. Necesitas tener fe en Dios, porque solo él puede controlar lo que tú no puedes controlar —y la mayor parte de la vida está fuera de tu control—. Por eso necesitas fe mucho más de lo que necesitas el pensamiento positivo.

En Lucas 18:27, Jesús dijo: «*Lo que es imposible para los seres humanos es posible para Dios*».[7] Dios se especializa en lo imposible. Por eso es importante recordar lo que Dios puede hacer.

Confía en lo que Dios ha dicho

Romanos 4:18 dice: «*Aun cuando no había motivos para tener esperanza, Abraham siguió teniendo esperanza* [...]».[8] ¿Cómo darte cuenta cuando ya no tienes esperanza? Comienzas a usar la palabra *nunca*: «*Nunca* me graduaré. *Nunca* me recuperaré. *Nunca* me desendeudaré. *Nunca* me olvidaré de toda esa vergüenza y angustia. *Nunca* cambiaré. *Nunca* seré lo que Dios quiere que sea».

¿Qué deberías hacer cuando sientas que tu esperanza comienza a desvanecerse? La Escritura dice que debes seguir teniendo esperanza, tal como lo hizo Abraham. Observa Romanos 4:18 nuevamente: «*Aun cuando no había motivos para tener esperanza, Abraham siguió teniendo esperanza* [...]». Cuando estés ante un callejón sin salida, acude a tu fuente de fortaleza: la Biblia. Es una fuente de esperanza. Léela, estúdiala, memorízala, medita en ella. La Palabra de Dios revivirá tu fe, renovará tu esperanza, fortalecerá tu comprensión de Dios; nada animará tu fe como la Biblia.

Un callejón sin salida es una prueba de fe. La Biblia dice que «*Abraham, que había recibido las promesas, cuando fue puesto a prueba ofreció a Isaac, su único hijo*».[9] Cuando Dios le dijo a Abraham que quería que sacrificara a su hijo, Abraham ni pestañeó. No se asustó porque recordaba lo que Dios podía hacer y confiaba en lo que él le había prometido. Mientras subían al monte para hacer el sacrificio, Abraham le dijo a sus siervos: «*Volveremos enseguida*».[10] Cuando Isaac le preguntó: «¿Dónde está el sacrificio?», Abraham respondió: «*Dios proveerá*».[11]

Abraham estaba ante un callejón sin salida. Pero la liberación estaba por llegar.

Cuando llegaron al lugar indicado por Dios, Abraham construyó un altar y colocó la leña encima. Luego ató a su hijo Isaac, y lo puso sobre el altar, encima de la leña. Y Abraham tomó el cuchillo para matar a su hijo en sacrificio. En ese momento, el ángel del Señor lo llamó desde el cielo: —¡Abraham! ¡Abraham! [...].

Entonces Abraham levantó los ojos y vio un carnero que estaba enredado por los cuernos en un matorral. Así que tomó el carnero y lo sacrificó como ofrenda quemada en lugar de su hijo.[12]

Dios le mostró la salida solo cuando el cuchillo estuvo en el aire.

¿Qué sucede cuando llegas a un callejón sin salida y Dios te pide que renuncies al sueño que pensabas que él te había dado? ¿Puedes dar ese paso de fe? ¿Puedes creer que Dios te liberará? Abraham hizo todo lo que Dios le indicó. Él pasó la prueba de la fe.

Cuando estás ante un callejón sin salida, recuerda lo que Dios puede hacer y confía en lo que él ha dicho. Cree en su palabra.

Afronta los hechos con fe

Romanos 4:19-20 dice: «*Y la fe de Abraham no se debilitó a pesar de que él reconocía que [...] su cuerpo ya estaba muy anciano para tener hijos, igual que el vientre de Sara. De hecho, su fe se fortaleció aún más*».[13] Abraham tenía noventa y nueve años, Sara tenía noventa años y era estéril —aun así, Dios había dicho que ellos tendrían un hijo—. Era médicamente imposible. Ya no estaban en edad de concebir, pero la Biblia dice que Abraham enfrentó los hechos y no cedió ante la incredulidad.

Tener fe no es negar la realidad, no es pretender que no tienes un problema. Tener fe no es decir «No siento dolor» cuando te sientes abatido, o «Estoy feliz» cuando en realidad estás sufriendo internamente. Eso no es fe, eso es negación. Tener fe es afrontar la realidad sin que ella te desanime. Tener fe es creer que Dios es más grande que tus problemas.

> Tener fe es afrontar la realidad sin que ella te desanime.

La clave para tener fe es mirar más allá de tus circunstancias temporales y concentrarte en tu

Dios eterno. La Biblia dice: «[...] *fijamos nuestra vista en cosas que no pueden verse. Pues las cosas que ahora podemos ver* [los problemas] *pronto se habrán ido, pero las cosas que no podemos ver* [el poder de Dios] *permanecerán para siempre*».[14] Todo se centra en el enfoque.

Cuando te encuentras ante un callejón sin salida, recuerda lo que Dios puede hacer, confía en lo que él ha dicho y afronta la realidad con fe. Queda solo un paso más.

Espera que Dios te libere

Abraham le dijo a Isaac: «*Dios proveerá un cordero para la ofrenda quemada, hijo mío*».[15] Abraham confiaba en la liberación de Dios. Y por su fe inquebrantable, Abraham siguió firme en su obediencia. Hizo exactamente lo que Dios le había indicado.

Esta es una importante lección sobre la fe. La fe no es solo decir que crees en Dios, es vivir con esta convicción. Como la Biblia dice: «[...] *la fe por sí sola no es suficiente. A menos que produzca buenas acciones, está muerta* [...]. *Yo les mostraré mi fe con mis buenas acciones*».[16]

¿Qué esperas de Dios en tu situación actual? Quizás no esperas que haga nada. Pero Dios obra en tu vida según tu expectativa. Jesús dijo: «*Debido a su fe, así se hará*».[17] ¿Qué crees que Dios hará?

El apóstol Pablo comprendió el principio de la expectativa: la determinación nace de la expectativa. Pablo esperaba que Dios actuara. Por eso, Pablo estaba determinado a atravesar su callejón sin salida. Él escribió: «*Fuimos oprimidos y agobiados más allá de nuestra capacidad de aguantar y hasta pensamos que no saldríamos con vida. [...] pero, como resultado, dejamos de confiar en nosotros mismos y aprendimos a confiar solo en Dios, quien resucita a los muertos. Efectivamente él nos rescató [...]. Hemos depositado nuestra confianza en Dios, y él seguirá rescatándonos*».[18]

Dios obra en tu vida según tu expectativa.

Pablo había llegado a su límite y se preguntaba si su sueño había terminado. Pero él sabía que Dios lo había librado en el pasado, y confiaba en que él lo haría nuevamente en el presente y en el futuro. Pablo se rehusaba a renunciar a la esperanza.

Si estás ante un callejón sin salida, haz lo que hizo Pablo. Recuerda lo que Dios ha hecho y cree que lo hará nuevamente. Aférrate a la fe. La liberación está por llegar.

CAPÍTULO 7

Esperando la
liberación

Dios hará que esto suceda, porque
aquel que los llama es fiel.

1 Tesalonicenses 5:24

Tu callejón sin salida es la entrada a la liberación de Dios.

En el caso de Moisés, Dios creó una salida donde no había una. Acorralados entre el mar y el ejército del faraón que los perseguía, los israelitas enfrentaban un desesperante callejón sin salida. Pero su liberación estaba por llegar.

Dios le dijo a Moisés: «*Toma tu vara y extiende la mano sobre el mar. Divide las aguas para que los israelitas puedan pasar por en medio del mar, pisando tierra seca. [...] Luego Moisés extendió la mano sobre el mar y el* Señor *abrió un camino a través de las aguas mediante un fuerte viento oriental. El viento sopló durante toda la noche y transformó el lecho del mar en tierra seca. Entonces el pueblo de Israel cruzó por en medio del mar, caminando*

sobre tierra seca, con muros de agua a cada lado».[1]
Cuando los israelitas llegaron al otro lado sanos
y salvos, Dios hizo que las aguas regresarán a su
curso, y el ejército enemigo se ahogó en el mar.

Dios guio a su pueblo a ese callejón sin salida
con un propósito. Él quería enseñarles a confiar en
él y quería mostrar su gloria.

¿Qué quiere enseñarte Dios en tu callejón sin
salida?

En el Evangelio de Mateo, encontramos la
razón por la que Jesús caminó sobre el agua. La
Biblia dice: *«Inmediatamente después, Jesús
insistió en que los discípulos regresaran a la
barca y cruzaran al otro lado del lago mientras
él enviaba a la gente a casa. Después de despedir
a la gente, subió a las colinas para orar a solas.
Mientras estaba allí solo, cayó la noche. Mientras
tanto, los discípulos se encontraban en problemas
lejos de tierra firme, ya que se había levantado un
fuerte viento y luchaban contra grandes olas. A eso
de las tres de la madrugada, Jesús se acercó a ellos
caminando sobre el agua».*[2]

No olvides que los discípulos estaban en medio
de la tormenta porque ellos habían obedecido a

Jesús, estaban haciendo exactamente lo que él les había indicado. Ahora, temían morir, y Jesús no daba señales de vida. Ellos pensaron que él todavía estaba en la orilla donde lo habían dejado.

Observen esta secuencia de eventos: los discípulos zarparon con la luz del día, había sol y el cielo estaba despejado. Luego, al llegar la noche, se levantó la tormenta y azotó su bote durante toda la noche. Los discípulos sabían que no tenían ningún tipo de poder para controlar la situación. Durante la cuarta vigilia de la noche, Jesús se acercó a ellos caminando sobre el agua. La cuarta vigilia de la noche era desde las 3:00 a. m. hasta las 6:00 a. m. Es decir, que Jesús no apareció ante el primer indicio de problemas, el milagro sucedió en la hora más oscura de los discípulos.

¿Qué hora es para ti? ¿Cuánto hace que estás navegando en medio de la tormenta? Sin importar cuán difícil sea la situación en la que estás, tu Liberador se acerca —y él podría aparecer de una manera nunca antes vista—.

> Sin importar cuán difícil sea la situación en la que estás, tu Liberador se acerca —y él podría aparecer de una manera nunca antes vista—.

¿Cuál es la clave de la liberación? Tienes una elección: puedes preocuparte o puedes adorar, puedes entrar en pánico o puedes alabar. Una forma de hacerlo es expresar gratitud de antemano.

La clave de la liberación

La clave de la liberación es una gratitud llena de fe. Cuando estés ante un callejón sin salida y parezca que tu sueño nunca sucederá, dale gracias a Dios porque tu liberación ya está en camino —aunque no puedas verla todavía—. Agradecerle a Dios de antemano es un gran paso de fe, ¡y Dios siempre responde a la fe! Fue Jesús quien nos enseñó a hacerlo.

En Juan 11, encontramos la narración de la resurrección de Lázaro. Jesús estaba en Jerusalén cuando sus amigas, María y Marta, le enviaron un mensaje desde la ciudad de Betania para avisarle que su hermano, Lázaro, estaba enfermo. Ellas necesitaban que Jesús lo sanara. Betania estaba a solo tres kilómetros de distancia, pero Jesús demoró tres días en llegar. Para cuando Jesús

Jesús no había venido a sanar a Lázaro, sino a resucitarlo.

llegó, Lázaro ya había muerto. Ya había estado en la tumba por cuatro días. Jesús había llegado muy tarde, o al menos eso pensaban ellas. María y Marta dijeron: «Señor, si tan solo hubieras estado aquí, mi hermano no habría muerto». Pero Jesús no había venido a sanar a Lázaro, sino a resucitarlo.

Quizás pienses que tienes la mejor respuesta a tu dilema. Quizás pienses que lo tienes todo resuelto y le has estado diciendo a Dios exactamente qué debe hacer, cómo debe hacerlo y cuándo debe hacerlo. ¡Pero Dios es Dios, y tú, no! Debes dejarlo hacer las cosas a su manera y a su tiempo. Permite siempre que Dios exceda tus expectativas.

Jesús les indicó a las personas que corrieran a un lado la piedra que tapaba la tumba de Lázaro. Luego, miró al cielo y dijo: «*Padre, gracias por haberme oído*».[3] ¡Jesús le agradeció a Dios de antemano! Esta es la clave de la liberación. Después de agradecerle a Dios por responder su oración, Jesús gritó: «*¡Lázaro, sal de ahí!*».[4] Y Lázaro salió caminando de la tumba.

Abraham también comprendió el principio de la gratitud llena de fe. La Biblia dice: «*Abraham no [...] dudó jamás. Al contrario, fortaleció su fe y así le dio gloria a Dios y le dio las gracias por aquella bendi-ción antes que se produjera. ¡Estaba completamente seguro de que Dios cumple sus promesas!».*[5] Observa que dice que Abraham le dio gloria a Dios «antes que se produjera» —antes de que se cumpliera el sueño de que Dios lo haría el padre de una gran nación—.

Darle gracias a Dios por algo después de que eso sucede es gratitud. Pero darle gracias a Dios por algo antes de que suceda es fe. Eso es lo que Jesús y Abraham hicieron, y darle gracias a Dios de ante-mano por algo que crees que él hará es la mayor muestra de fe. Es decir: «Dios, no sé cómo harás realidad el sueño que me diste. Estoy en un callejón sin salida, pero te doy gracias de antemano porque tú sabes lo que haces y harás que todas las cosas coope-ren para mi bien» (Romanos 8:28).

> **Darle gracias a Dios por algo antes de que suceda es fe.**

Nuestra liberación más importante

Imagina la angustia y la desesperación de los discí-pulos cuando vieron a Jesús colgado en la cruz. Su amigo, su maestro, aquel en quien habían puesto su esperanza, aquel a quien le habían dedicado sus vidas durante los últimos tres años había muerto. Ellos habían pensado que Jesús iba a establecer su reino y que ellos gobernarían con él. Ahora, todo había terminado. ¿Cómo era posible que el Mesías, el Hijo de Dios, estuviera muerto? El sueño que tenían había llegado a su fin. Ya no había esperanza.

Ellos no se dieron cuenta de que Dios se especializa en convertir crucifixiones en resurrecciones. Durante tres días, el cuerpo de Jesús yació sin vida en una tumba custodiada por soldados romanos; pero, al tercer día, él se levantó de entre los muertos. Fue la liberación más importante de toda la historia.

El callejón sin salida de Jesús resultó ser el fin de la muerte. La sentencia de muerte y la separación eterna de Dios fueron revocadas. Aunque morimos físicamente, nuestras almas pueden vivir eternamente en la presencia de Dios en el cielo —nuestra tierra prometida final—.

Tres tipos de liberación

Dios te libera de tres maneras principales: liberación externa, liberación interna y liberación eterna.

Cuando Dios te libera externamente, él cambia tus circunstancias de forma milagrosa, tal como lo hizo con los israelitas cuando «*rescató a Israel de las manos de los egipcios*».[6] Dios interviene y el mar Rojo se abre en dos. Esto sucederá muchas veces en tu vida, pero no sucederá todo el tiempo.

En otras ocasiones, Dios te libera no cambiando las circunstancias, sino cambiándote a *ti*. Esta es la liberación interna de Dios. Él te da un sueño nuevo, una actitud nueva o una perspectiva nueva. Dios no cambió las circunstancias de Pablo cuando este se hallaba en un calabozo en Roma encadenado a un guardia, pero sí cambió su perspectiva. Pablo escribió a sus amigos y les dijo: «*Quiero que sepan que todo lo que me ha sucedido en este lugar ha servido para difundir la Buena Noticia*».[7] Como Pablo sabía que su sufrimiento tenía un propósito mayor, estaba bien preparado para lidiar con las demoras, las dificultades y los callejones sin salida.

La tercera y última forma de liberación de Dios es el cielo. Esta es la liberación eterna de Dios y será para siempre. Dios no ha prometido eliminar todo el dolor en el mundo, no ha prometido solucionar todos los problemas de la forma que tú quieres que se resuelvan, no ha prometido mantener a todos tus seres queridos vivos durante el resto de tu vida. En el mundo hay dolor, hay pena y sufrimiento. Pero recuerda: este no es el cielo, esta es la tierra. Tu liberación final llegará algún día en el cielo, donde no habrá más dolor ni pena, no habrá enfermedad ni sufrimiento, no habrá más angustia ni desilusiones.

Sin importar cómo te libere Dios, su liberación está garantizada, «*porque se puede confiar en que Dios cumplirá su promesa*».[8] Quizás no te libere como tú crees que debería, pero él sabe cuál es la mejor forma, y así lo hará. Él ha prometido completar la buena obra que ha comenzado en ti (Filipenses 1:6), y no te hará esperar más de lo que él sabe que es necesario para cumplir su obra en tu vida.

¿Cuál debería ser tu primera respuesta cuando Dios te libere? ¡Celebra! ¡Regocíjate! Eso es lo que hizo Pablo. Dios lo liberó después de haber estado en un naufragio, de haber sido golpeado y encarcelado. Y aunque Pablo siguió enfrentando problemas, eligió decir: «*Estén siempre llenos de alegría en el Señor. Lo repito, ¡alégrense!*».[9]

Regocijarte es tu decisión.

Quizás hoy te encuentres en un callejón sin salida y no tengas ganas de regocijarte. Has estado esperando que Dios obre un milagro —que te cure una herida, que responda a una oración, que te dé una salida a una situación que de otro modo sería imposible—, y estás dudando si el sueño de Dios realmente se cumplirá.

O quizás Dios te ha dado una promesa específica que no ha terminado de la manera que creías o de acuerdo a lo que tú crees que es cierto según la Escritura. Te has aferrado a esa promesa durante mucho tiempo y, ahora, sientes que es momento de soltarla.

Debes recordar que Dios no está limitado por tu tiempo en la tierra para cumplir sus promesas. Jesús dijo: «*El cielo y la tierra desaparecerán, pero mis palabras no desaparecerán jamás*».[10] Todavía puedes aferrarte a la verdad sin insistir en que la promesa se cumpla según tus tiempos. ¡Dios tiene toda la eternidad para cumplir su Palabra!

Así que, comienza a agradecerle a Dios ahora mismo por la liberación que ya está en camino. Jesús puede tomar este final desesperanzador y convertirlo en una esperanza infinita. Aunque afrontes muchos callejones sin salida, Dios te liberará una y otra vez en la tierra y, finalmente, lo hará algún día en el cielo. ¿Por qué? Porque «*¡el fiel amor del Señor nunca se acaba! Sus misericordias jamás terminan [...], sus misericordias son nuevas cada mañana*».[11]

Dios es un Dios de segundas oportunidades. Dios es un Dios de renovación. Él no hace las mismas cosas todo el tiempo. Él te dará muchos sueños durante tu vida. La Biblia dice: «*En los últimos días—dice Dios—, derramaré mi Espíritu sobre toda la gente. Sus hijos e hijas profetizarán. Sus jóvenes tendrán visiones, y sus ancianos tendrán sueños*».[12]

Pero para cumplir los sueños que Dios tiene para tu vida, debes aceptar las cosas nuevas que él quiere hacer en tu familia, en tu carrera, en tus amistades, en su iglesia y en el mundo a tu alrededor. Y Dios quiere que estés *atento* a las cosas nuevas que él hará. En Isaías 43:18-19, él dice. «*Pero olvida todo eso; no es nada comparado con lo que voy a hacer. Pues estoy a punto de hacer algo nuevo. ¡Mira, ya he comenzado! ¿No lo ves?*».[13]

Así que, confía en él, aférrate a él y recuerda: «*Y ahora, que toda la gloria sea para Dios, quien puede lograr mucho más de lo que pudiéramos pedir o incluso imaginar mediante su gran poder, que actúa en nosotros*».[14]

El sueño de Dios para tu vida ha estado en su mente desde que te formó en el vientre de tu madre. Él te permitirá hacer aquello que te llamó a hacer —a su tiempo y a su manera—. No tienes ningún derecho a reclamar, a quejarte, a discutir o a dudar, porque él lo hará. Él es fiel, pero te llevará por estas seis fases de la fe: desde el sueño a la decisión, a la demora, a las dificultades, al callejón sin salida y a la liberación. Y te hará recorrerlas muchas veces, esta no es una experiencia única. En Salmos 50:15, Dios dice: «*Luego llámame cuando tengas problemas, y yo te rescataré, y tú me darás la gloria*».[15]

> **Él te permitirá hacer aquello que te llamó a hacer.**

No abandones nunca los sueños para los que Dios te creó. Él nunca te abandonará.

Una última cosa...

Me alegra mucho que estés intentando descubrir y seguir el sueño de Dios para tu vida.

A menudo, pienso que las personas extraordinarias son solo personas comunes que se aferran a un sueño extraordinario: el sueño de Dios. Y ahora estoy convencido de que en la vida no hay nada que te dé una mayor sensación de plenitud que hacer aquello para lo que Dios te creó.

Para animarte a avanzar en pos de todo lo que Dios tiene para ti, he creado *Esperanza Diaria*. *Esperanza Diaria* es mi devocional y pódcast GRATUITO por correo electrónico, el cual contiene enseñanzas bíblicas que recibirás en tu bandeja de entrada todos los días. *Esperanza Diaria* te inspirará a estudiar la Palabra de Dios y a construir una relación profunda y significativa con él, algo que es esencial para tener la vida que estás destinado a vivir.

Me entusiasma guiarte en tu viaje, porque cumplir el sueño de Dios es la mayor aventura que experimentarás en tu vida.

Pastor Rick

Da el próximo paso...

Suscríbete a *Esperanza Diaria*, mi devocional diario GRATUITO, en **PastorRick.com/Espanol**.

ESPERANZA DIARIA
DEL PASTOR RICK

¡Me encantaría seguir en
contacto contigo!

Recibe esperanza bíblica y ánimo en tu bandeja
de entrada todos los días con *Esperanza Diaria*,
mi devocional y pódcast GRATUITO.

ESPERANZA DIARIA DEL PASTOR RICK

EsperanzaDiariaDelPastorRick

EsperanzaDiariaDelPastorRick

PastorRickEspañol

Preguntas de *reflexión*

Las siguientes preguntas, basadas en los principios que se enseñan a lo largo del libro, te ayudarán a comprender mejor el proceso que Dios usa para cumplir el sueño que te da. Dedica un tiempo a reflexionar en ellas durante tu estudio personal o durante los momentos de debate en los grupos pequeños.

Capítulo 1 – Cómo se conectan los sueños y la fe

- Un gran sueño es una declaración de fe.
  - Piensa en el sueño más grande que hayas tenido o hayas podido soñar para tu vida. ¿Cómo refleja tu fe en Dios?

- Mientras trabajas para cumplir tu sueño, Dios obrará en tu carácter.
  - ¿Cómo quieres que Dios te ayude a crecer espiritual y emocionalmente mientras persigues su sueño para tu vida?
- Descubrir y cumplir el sueño de Dios es un camino de fe.
  - ¿Por qué crees que Dios no cumple tu sueño de una vez, sino que lo convierte en un proceso gradual, paso a paso?
- El Señor te guiará y te proveerá.
  - ¿Qué necesitas pedirle a Dios hoy para que puedas seguir intentando cumplir el sueño que él tiene para tu vida?

Capítulo 2 – Descubriendo el sueño de Dios para ti

- Sin un sueño, siempre lucharás con tu identidad, con quién eres.
  - ¿Qué sueño te ha llamado a seguir Dios? ¿Alguna vez has considerado tu sueño como parte de tu identidad? ¿Por qué sí o por qué no?
- El sueño de Dios nunca contradecirá la Palabra de Dios.

- ¿Cómo puedes saber si tu sueño contradice lo que dice la Biblia?
- Tanto los sueños como el desánimo son contagiosos.
  - Piensa en tus amigos más cercanos. ¿De qué maneras te animan a intentar cumplir el sueño de Dios? ¿De qué maneras te desaniman?
- Nada es más importante que cumplir el sueño de Dios para tu vida. Es la razón por la que él te creó.
  - ¿Cuáles son las cosas que más compiten por tu enfoque y te impiden comprometerte con el sueño de Dios? ¿Qué pasos puedes tomar para priorizar el sueño de Dios para tu vida?

Capítulo 3 – Decidiendo actuar

- La fase de la decisión no se trata de tomar decisiones rápidas, sino de tomar las decisiones *correctas*.
  - ¿Qué paso puedes dar hoy para conocer mejor la Palabra de Dios y poder tomar decisiones sabias?
- El problema es que a menudo preferimos *parecer* sabios que *ser* sabios.

- ¿Quién es la persona más sabia que conoces? ¿De qué manera es un ejemplo de humildad para ti?
- Nunca confundas la toma de decisiones con la resolución de problemas.
  - ¿Cómo puedes prepararte espiritual y emocionalmente para los problemas que encontrarás cuando intentes cumplir tu sueño?

Capítulo 4 – Persistiendo durante las demoras

- Sufrieron una demora porque tuvieron miedo.
  - ¿De qué maneras puedes superar tu temor?
- Entre la siembra y la cosecha siempre hay una demora.
  - ¿Qué características de Jesucristo quieres que Dios desarrolle en ti mientras esperas que tu sueño se haga realidad? Ora y pídele que te ayude a crecer y madurar de esa manera para que seas fiel incluso en la demora.
- Una demora no es una negación.
  - ¿Cómo respondes a Dios cuando dice «Todavía no» a tu petición, en lugar de decir «No»? ¿Cómo crees que él quiere que respondas a ambas respuestas?

Capítulo 5 – Lidiando con las dificultades

- Ante cada oportunidad, debes preguntarte si es lo que Dios quiere.

  - ¿Por qué es importante tener a tu alrededor personas dignas de confianza y que quieran ser más como Cristo cuando intentas decidir si una oportunidad es de Dios? ¿Quiénes son esas personas en tu vida?

- Lo que te sucede *a* ti no es ni remotamente tan importante como lo que sucede *en* ti.

  - ¿Cuál es la prueba más difícil que has vivido? ¿Te ha cambiado de alguna manera que tenga un significado eterno? ¿Cómo?

- Los problemas no perdurarán, sino que pasan.

  - Cuando necesitas recordarte que tus problemas son solo momentáneos, ¿cuáles son algunas verdades eternas en las que puedes focalizarte?

Capítulo 6 – Afrontando los callejones sin salida

- Cuando afrontes un callejón sin salida, no te concentres en lo que *no* puedes hacer, sino en lo que Dios *puede* hacer.

- ¿Por qué crees que Dios quiere que llegues a un punto en el que comprendas que no puedes hacer todo con tus propias fuerzas?
- Tener fe es enfrentar la realidad sin que ella te desanime.
    - Si crees que Dios es más grande que tus problemas, ¿qué cambiará en la forma en que enfrentas las circunstancias difíciles?
- Dios obra en tu vida según tu expectativa.
    - ¿De qué manera puedes *demostrarle* a Dios qué esperas que haga en tu callejón sin salida en vez de solo decírselo?

Capítulo 7 – Esperando la liberación

- Sin importar cuán difícil sea la situación en la que estás, tu Liberador se acerca —y él podría aparecer de una manera nunca antes vista—.
    - ¿Cómo adorarás a Dios hoy mientras esperas en él para que te libere de tu dificultad?
- Jesús no había venido a sanar a Lázaro, sino a resucitarlo.
    - Mientras oras por liberación y le pides cosas específicas a Dios, ¿cómo puedes dejar

espacio en tus oraciones para que él supere tus expectativas?

- Darle gracias a Dios por algo antes de que suceda es fe.
  - ¿Qué crees que Dios va a hacer por ti mientras intentas cumplir tu sueño? Agradécele de antemano por ello ahora mismo y ora: «Dios, no sé cómo harás realidad el sueño que me diste. Estoy en un callejón sin salida, pero te doy gracias de antemano porque tú sabes lo que haces y harás que todas las cosas cooperen para mi bien».
- Él te permitirá hacer aquello que te llamó a hacer.
  - ¿De qué manera específica Dios te ha dotado y preparado para el sueño que te ha dado? ¿Confiarás en él para que te provea en todas las formas que no puedes ver o entender en este momento?

Notas

Capítulo 1: Cómo se conectan los sueños y la fe

1. Génesis 1:27.
2. (NTV).
3. Juan 1:3-4.
4. Hebreos 11:6.
5. 1 Timoteo 6:7.
6. Filipenses 1:6.
7. Proverbios 14:12.
8. Efesios 2:10.
9. (NTV).
10. (NTV).
11. Efesios 3:20.
12. Proverbios 4:18.
13. (NTV).
14. Marcos 9:23.
15. Mateo 9:29.

16. 2 Corintios 1:8-9.

17. Efesios 3:20.

Capítulo 2: Descubriendo el sueño de Dios para ti

1. Hebreos 11:6.

2. Romanos 12:2b.

3. Jeremías 29:11b.

4. (NBV).

5. Romanos 12:2.

6. (NTV).

7. (NTV).

8. Juan 1:12.

9. (NTV).

10. 1 Pedro 4:10.

11. (NTV).

12. Proverbios 27:17.

13. 1 Corintios 15:33.

14. 1 Tesalonicenses 5:24.

15. Hechos 20:24.

Capítulo 3: Decidiendo actuar

1. Santiago 1:5.

2. (NTV).

3. Proverbios 3:13.

4. Colosenses 3:15.

5. Proverbios 13:16.

6. Proverbios 18:13.

7. (NTV).

8. (NTV).

9. Salmos 119:70.

10. (NTV).

11. (NTV).

12. Lucas 14:28, 31.

13. Juan 16:33.

14. Proverbios 22:3.

15. (NTV).

16. Eclesiastés 11:4.

17. (NTV).

Capítulo 4: Persistiendo durante las demoras

1. Éxodo 13:17-18.

2. Deuteronomio 8:2.

3. (NTV).

4. Proverbios 29:25.

5. (NTV).

6. Hebreos 13:5.

7. Números 21:4-5.

8. Salmos 37:7-8.

9. (NTV).

10. Filipenses 4:8-9.

11. (NTV).

12. Números 14:2, 4.

13. Gálatas 6:9.

14. Lucas 18:1.

15. Salmos 106:7-8, 13.

16. (NTV).

17. 2 Pedro 3:9.

18. Habacuc 2:3.

Capítulo 5: Lidiando con las dificultades

1. (NTV).

2. 2 Corintios 11:23-28.

3. 2 Corintios 4:16.

4. (NTV).

5. (NTV).

6. (NTV).

7. (NTV).

8. Salmos 73:16-17.

9. (NTV).

10. (NTV).

11. (NTV).

12. (NTV).

13. (NTV).

14. 2 Corintios 4:16-17.

15. Juan 8:32.

16. Proverbios 28:13.

17. (NTV).

18. Hebreos 13:5.

Capítulo 6: Afrontando los callejones sin salida

1. Éxodo 12:31.

2. Éxodo 14:13-14.

3. Isaías 7:9.

4. Génesis 22:2.

5. Hebreos 11:19.

6. Romanos 4:17.

7. (NTV).

8. (NTV).

9. Hebreos 11:17 (NBV).

10. Génesis 22:5.

11. Génesis 22:8.

12. Génesis 22:9-13.

13. (NTV).

14. 2 Corintios 4:18.

15. Génesis 22:8.

16. Santiago 2:17-18.

17. Mateo 9:29.

18. 2 Corintios 1:8-10.

Capítulo 7: Esperando la liberación

1. Éxodo 14:16, 21-22.

2. Mateo 14:22-25.

3. Juan 11:41.

4. Juan 11:43.

5. Romanos 4:20-21.

6. Éxodo 14:30.

7. Filipenses 1:12.

8. Hebreos 10:23.

9. Filipenses 4:4.

10. Mateo 24:35.

11. Lamentaciones 3:22-23.

12. Hechos 2:17.

13. (NTV).

14. Efesios 3:20.

15. (NTV).